LES SIGNES DE L'AU-DELÀ

Du même auteur :

- Guérir avec l'aide des Anges (cartes)
- Guérir avec l'aide des Fées (cartes)
- Les miracles de l'Archange Michaël
- Cartes divinatoires des maîtres Ascensionnés
- Messages de vos Anges, calendrier perpetuel
- Cartes divinatoires des Archanges (cartes)
- Paroles de réconfort de vos Anges
- 365 conseils de vos Anges
- Messages de vos Anges (cartes)
- L'oracle des Anges (cartes)
- L'oracle des Fées (cartes)
- Messages de vos Anges
- Mon Anges gardien
- Histoires… de Fées
- Archanges et Maîtres ascensionnés
- Archange Michaël (cartes)
- Cartes des Archanges (cartes)
- La purification des Chakras (livre + CD)
- La médecine des anges
- La médecine des cristaux
- L'oracle des sirènes et dauphins, cartes oracle
- Saints et anges, cartes oracle
- L'archange Raphaël, cartes oracle
- Les guérisons miraculeuses de l'archange Raphaël
- L'oracle des licornes, cartes oracle

LES SIGNES DE L'AU-DELÀ

DES MESSAGES DE VOS ANGES
POUR GUIDER VOS CHOIX DE VIE

Deuxième édition

DOREEN VIRTUE
CHARLES VIRTUE

EDITIONS EXERGUE
27, rue des Grands-Augustins
75006 - Paris

Titre original anglais : Signs from above

Traduit de l'anglais par Joanna Gruda

ISBN :978-2-36188-029-3

www.editions-tredaniel.com
info@guytredaniel.fr

Nous dédions ce livre à l'archange Michaël,
car son amour, sa force et son soutien
nous ont donné le courage de changer notre vie
afin que nous puissions aider les autres à changer la leur.

TABLE DES MATIÈRES

INTRODUCTION

Vos anges sont toujours avec vous et ils vous parlent tout le temps – surtout quand il s'agit de répondre à vos prières. Quand votre vie est stressante, il se peut que vous ayez de la difficulté à entendre leur douce voix angélique, qui vous parvient sous forme d'intuitions ou de pensées. Dans de telles circonstances, ces créatures célestes donnent une forme plus concrète à leurs messages et vous envoient des signes de l'Au-delà.

Ce sont des signes :

- Répétitifs
- Qui sortent de l'ordinaire

- Qui ont une signification sur le plan personnel
- Qui coïncident avec vos prières ou des questions que vous avez posées au Divin

Au cours de notre vie, nous vivons des moments de célébration, des défis, des temps difficiles, des occasions heureuses, des pertes et des retrouvailles. Il arrive même aux gens les plus avancés sur le plan spirituel d'avoir l'impression d'avancer seuls, sans personne pour les soutenir. Et pourtant, comme les anges sont toujours avec eux, ils ne sont jamais sans guide.

Le rôle de ces messagers célestes est de nous aider à vivre en paix et de nous guider afin que nous puissions aider les *autres* à y arriver. Toutefois, les anges n'interviennent jamais sans notre permission et respectent toujours notre volonté. Après tout, nous sommes ici pour apprendre et pour que notre âme puisse évoluer, ce qui se fait tant grâce aux choses positives qu'aux choses négatives. Avant notre naissance, nous avons choisi les buts que nous voulions atteindre et les leçons que nous voulions recevoir pendant notre passage sur Terre. Ceci constitue une forme de contrat sacré qui détermine le genre de vie que nous allons avoir.

L'âme humaine est destinée à vivre toutes les sortes d'expériences que la vie a à offrir. Que vous soyez né dans l'aristocratie ou dans la classe moyenne, cette vie est une occasion de vivre ce qui est nécessaire pour que votre âme puisse évoluer.

Quand les anges nous aident dans la vie, il arrive que nous ne reconnaissions pas leur façon de faire. C'est parce qu'ils sont là pour nous guider et nous protéger, et non pour nous conduire ou nous diriger. Souvent, ils nous apportent des réponses, des indices, des messages et des avertissements sous forme de *signes* (signaux) ou de choses anormales qui arrivent. C'est leur façon de nous montrer qu'ils sont à nos côtés. Si cette forme de communication est aussi vieille que la race humaine, elle n'est pas bien connue, ni bien comprise ou reconnue. Les anges désirent que cela change, car les signes constituent leur manière la plus commune et la plus directe d'entrer en contact avec nous. Ils souhaitent pouvoir nous aider à devenir plus conscients du fait qu'ils nous envoient des messages tous les jours de notre vie.

Aujourd'hui, vous avez déjà reçu plusieurs signes… et vous en aurez d'autres encore avant d'aller vous coucher.

Il y a deux éléments nécessaires pour voir les signes de l'Au-delà : (1) il faut y croire, (2) il faut les remarquer. Si leur ampleur et leur fréquence varient d'une personne à l'autre et d'une situation à l'autre, les signes sont néanmoins toujours abondants et ils sont toujours là pour nous aider. Quand on arrive à voir et à utiliser les messages que les anges nous envoient chaque jour, dans chaque situation, qu'elle soit anodine ou importante, on peut voir d'incroyables transformations s'accomplir dans notre vie.

En lisant ce livre, vous allez sans doute vous rendre compte que les anges *vous* envoient des signes très souvent. Pensez au dernier gros défi auquel vous avez fait face et souvenez-vous des signes que vous avez reçus de manière répétitive en réponse à vos prières et à vos demandes d'aide. Comment avez-vous été guidé dans cette situation ? N'y a-t-il pas eu des éléments du problème qui ont paru se régler d'eux-mêmes ? Si vous avez répondu oui, c'est que vous avez sans doute suivi les signes que vous avez reçus.

Les signes ne sont pas tous petits, et ils ne sont pas tous immenses. Chaque signe existe pour une raison bien précise, que ce soit pour vous réconforter, pour vous aider à prendre une décision, ou pour confirmer quelque chose que vous savez déjà mais dont vous n'êtes pas certain. Si vous écoutez les signes qu'on vous envoie, vous serez non seulement guidé de façon à pouvoir résoudre une situation, mais il vous sera aussi plus facile de prendre des décisions qui sont en accord avec votre cheminement de vie et vos objectifs. Quand on remarque un premier signe, on en remarque d'autres par la suite. Au bout du compte, tous les domaines de votre vie s'en trouveront améliorés, et vous vous sentirez épanoui et énergisé à l'idée de posséder un but — *votre* but.

En écoutant les signes qu'on vous envoie, vous montrez au royaume angélique que vous êtes ouvert, réceptif et que vous êtes prêt à en recevoir davantage… ce qui encouragera les anges à vous donner d'autres signes encore ! Si jamais vous avez l'impression que les signes vous échappent, demandez aux anges de vous montrer quelque chose de différent ou de choisir des signes plus évidents ou qui s'appliquent mieux à votre situation.

Nous n'avons pas à *chercher* des signes, nous devons les *remarquer*. La différence est subtile. Si on s'évertue à chercher des signes de manière frénétique, ça ne fait que créer de la tension, ce qui rend la communication avec les anges plus difficile. Au contraire, si on a une attitude détendue, le corps et l'âme restent alignés avec l'énergie angélique qui nous entoure, nous traverse et nous protège tous.

Pendant que vous permettez à l'information contenue dans ces pages de se révéler à vous, détendez-vous et prenez plaisir à apprendre à demander des signes de vos anges, et aussi à voir et à reconnaître ces signes.

S'il existe une quantité quasi illimitée de formes que les signes peuvent prendre, il y en a néanmoins qui reviennent de façon récurrente et avec force. Ce livre vous montrera des exemples de signes célestes qu'on rencontre fréquemment, comme les nuages en forme d'anges, les pièces de monnaie, les plumes, les arcs-en-ciel et les chansons qui ont une signification particulière. Vous pourrez aussi y lire les histoires vraies de gens qui ont été guidés, protégés et guéris grâce aux signes des anges.

Chapitre 1

LES NUAGES DU BONHEUR

Les nuages sont des masses célestes faites d'humidité qui planent au-dessus de nous, comme des anges protecteurs, tout en flottant autour de notre monde. Les anges adorent utiliser ces merveilles naturelles pour nous envoyer des messages parce que les nuages peuvent prendre toutes sortes de formes et qu'ils sont magnifiques à regarder. Dans ce chapitre, nous explorerons comment les nuages sont utilisés pour envoyer des signes, des messages ainsi que du réconfort et du bien-être.

Notre premier exemple est celui de Kathie Robertson, qui a reçu un signe de son « meilleur ami », qui lui a fait savoir qu'ils n'ont jamais été loin l'un de l'autre :

> Durant les 10 années que nous avons passées ensemble, Willie et moi étions les meilleurs amis. Lui, c'était un très grand Border Collie avec un long pelage noir et blanc. Même si sa taille intimidait parfois les gens, Willie était aussi doux qu'un agneau. Les enfants l'appelaient toujours notre « gentil géant ». Son âme était belle et tendre, et j'avais beaucoup d'affection pour lui. Il m'était entièrement dévoué et pouvait rester assis sur mes genoux pendant des heures.
>
> À l'âge de quatre ans, Willie a commencé à souffrir d'épilepsie. La maladie évoluait à mesure qu'il vieillissait. En mars 2005, nous avons dû lui faire nos adieux. Après le départ de Willie, j'ai espéré qu'il vienne me visiter dans mes rêves, mais les mois sont passés sans qu'il m'apparaisse.
>
> Je me suis ensuite séparée de mon mari, et la vie est devenue encore plus difficile. J'ai demandé aux anges de m'envoyer en rêve un message qui me ferait du bien et m'apporterait de la joie. (En fait, j'espérais qu'ils allaient me dire que j'allais bientôt trouver un chaudron d'or au bout de l'arc-

en-ciel.) Mais c'est plutôt après un repas pris en compagnie de quelques amis que j'ai reçu mon message.

Nous avions beaucoup de plaisir et, une fois le repas terminé, nous sommes sortis. En arrivant à l'extérieur, j'ai immédiatement remarqué un immense nuage d'un blanc laiteux, planant incroyablement près du sol, environ à la hauteur du sommet d'un poteau téléphonique. C'était un nuage tout à fait opaque, si on exclut une « fissure » d'un noir d'encre située au bas du nuage. J'ai fait remarquer à mes amis ce spectacle peu commun, et pendant que nous observions le nuage, il a pris la forme de mon superbe Willie ! Il avait l'air royal qui était le sien quand il était jeune et en santé. Je me suis mise à crier : « Willie, tu es enfin venu me rendre visite ! »

Cette rencontre avec mon ami a été joyeuse et inspirante ! C'était le plus beau message que les anges pouvaient m'envoyer. Dans leur style angélique, ils me disaient que mon Willie chéri était au Ciel avec eux et qu'il y était heureux et en santé. Et maintenant, *je* suis heureuse et en paix parce que je sais qu'il est dans leur royaume céleste.

Les anges et les personnes décédées envoient souvent des signes. Cela peut être des oiseaux, des papillons, des fleurs ou encore une odeur particulière que l'on associe à la personne décédée (son parfum préféré, par exemple, ou de la fumée de cigarette, si la personne fumait). L'image de la télévision ou des lumières de la maison qui se mettent à trembloter peuvent également représenter des signes. Cependant, les nuages demeurent une des manières les plus fréquemment utilisées pour nous envoyer des « je t'aime » du Ciel.

Combien de nuages comportant un message de réconfort de la part d'êtres chers décédés pensez-vous avoir vus dans votre vie ? Si vous avez eu l'ouverture d'esprit nécessaire pour les remarquer, il y a de bonnes chances qu'il y en ait eu… beaucoup. Ne vous en faites pas si vous pensez en avoir raté quelques-uns, mais gardez les yeux fixés aux cieux, car les anges sont prêts à tout pour vous envoyer les messages dont vous avez besoin et que vous avez demandé de recevoir. L'histoire de Carole Edward illustre bien comment les anges utilisent parfois des images d'eux-mêmes pour attirer votre attention et vous apporter du réconfort :

> C'était en 2007, par un après-midi frais et calme. J'étais assise sur ma pelouse et je me détendais en regardant les nuages. Il y

en a un qui a pris la forme exacte d'un ange, ce qui m'a émerveillée et m'a confirmé que le Ciel veillait réellement sur nous. L'ange avait des ailes larges et longues et portait une robe qui semblait flotter autour de lui. On pouvait voir qu'il arborait un grand sourire et ses yeux semblaient me regarder directement.

Le nuage s'est ensuite dissipé, laissant un espace vide. J'ai regardé le ciel du côté exactement opposé et j'y ai trouvé un nuage qui était la parfaite représentation de mon père en train de me regarder. Mon père est mort de façon soudaine en 2001, et cette image m'a fait monter les larmes aux yeux. J'ai senti en moi un amour immense et de la chaleur. Cela m'a confirmé que mon merveilleux père était encore tout près, qu'il veillait sur moi et qu'il me montrait qu'il se souciait de moi.

Cette image a disparu aussi rapidement que la première, mais cette anecdote a ravivé ma foi en l'existence des anges et des esprits. Ces visions fugitives m'ont apporté de l'amour, de la joie et de l'espoir.

Aussi cliché qui cela puisse paraître, le fait de regarder les nuages quand vous vous sentez en détresse peut vous libérer de ce qui vous préoccupe. Les anges veulent vous aider à traverser les moments difficiles de la vie… et ils peuvent vous le prouver. La prochaine fois que vous vous sentirez émotif, négatif ou simplement contrarié, imaginez que toutes vos préoccupations sont confiées aux anges. Quand vous regarderez les nuages, vous vous sentirez littéralement délesté de tout, comme ça a été le cas de Carolyn Ota :

> J'ai perdu mon emploi il y a deux ans. C'était la deuxième fois que ça m'arrivait en moins de deux ans. J'avais 50 ans et j'étais anéantie, blessée et en colère. Je n'arrivais pas à m'en remettre et j'étais en train de me rendre malade à force de me faire du souci. Je venais de terminer la lecture du livre de Doreen, *La thérapie par les anges*, mais je n'avais pas l'impression d'avoir assimilé quoi que ce soit.
>
> Mon mari nous conduisait de notre maison en Californie jusqu'en Arizona où nous devions participer à une réunion familiale. Je tentais de me détendre, mais je ne pouvais m'empêcher de ressasser toujours les mêmes idées absurdes et négatives dans

ma tête. Finalement, j'ai compris que je n'avais qu'à tout remettre entre les mains des anges. J'ai alors abaissé le dossier de mon siège et j'ai regardé les nuages. J'ai vu de magnifiques nuages en forme d'anges pendant les six heures qu'a duré le voyage. Une sérénité m'a envahie, et j'ai senti que je pardonnais aux gens qui m'avaient fait mal. J'avais l'impression d'avoir passé une étape importante et que maintenant je pouvais continuer à vivre ma vie.

Comme je n'avais pas d'emploi, j'ai pu prendre un mois de vacances avec ma famille dans les îles grecques. C'était un voyage dont nous rêvions depuis longtemps et qui aurait été impossible si j'avais eu à travailler. Quand je suis rentrée chez moi, j'ai reçu trois offres et j'ai décidé d'accepter l'emploi à l'école secondaire de ma fille. Ce qui s'est avéré un réel bienfait !

Nous connaissons tous l'expression : « À quelque chose malheur est bon. » Il n'y a rien de plus vrai, mais tant qu'on ne voit pas le bon côté d'un malheur, il est possible qu'on se sente inquiet ou déprimé. Comme chacun de nous a sa voie à suivre, les événements ne se produisent que lorsque l'on arrive à un point précis de sa vie. Rien ne peut être précipité, et tout arrive au moment parfait sur le plan divin. Ainsi, si les réponses ne semblent pas claires pour l'instant, il vous suffit de demander aux anges un signe qui vous assurerait que tout va bien se passer. Ils vont se charger de vous les montrer, comme c'est arrivé à Joe Hoftiezer :

> J'ai eu une jeunesse difficile et très solitaire. Au début de la vingtaine, j'étudiais dans un collège et je vivais à la maison avec mes parents. Un jour, j'ai pris un livre qui parlait des anges et où on expliquait comment travailler avec eux. Il y était écrit qu'il fallait demander à nos anges gardiens d'intervenir dans notre vie pour qu'ils puissent nous aider. Et c'est exactement ce que j'ai fait.
>
> À cette époque, je vivais une grande douleur sur le plan émotionnel et je traversais, sans le savoir, une profonde dépression. Je ne m'attendais pas à ce qu'il se passe quelque chose, mais peu de temps après que j'ai demandé l'aide des anges, quelque chose est arrivé !
>
> Je me rendais en voiture à l'école et j'étais en train de monter une longue côte. C'était

très tôt le matin, le ciel arborait encore les couleurs de l'aube, quand j'ai remarqué, au beau milieu de mon champ de vision, un nuage qui avait tout à fait la forme d'un ange avec ses ailes courbées en travers du ciel.

J'étais à la fois surpris et ravi, et les larmes me sont montées aux yeux. Cela avait réellement fonctionné ! Les anges m'avaient répondu ! Je me suis senti au septième ciel tout le reste de la journée. L'aspect théâtral et la beauté de ce moment me font toujours sourire quand j'y repense. La vie n'est pas devenue parfaitement rose du jour au lendemain après cela, mais je me suis senti moins seul et moins désespéré. J'avais compris que les anges existaient, qu'ils étaient avec moi et que même si je devais encore traverser des moments difficiles, je pouvais repenser à cette histoire qui me redonnerait toujours le sourire.

Il peut être étonnant de voir que les pensées qui montent d'elles-mêmes sont en fait des messages. Dans la prochaine histoire, Kelly-Sue nous raconte comment les anges donnent parfois des signes qui peuvent transformer une situation apparemment tragique, de manière à rapprocher les gens et leur apporter un sentiment de bien-être. C'est en voyant une image formée par un nuage qu'elle a pu remarquer les cadeaux que la vie lui avait offerts. Le fait de savoir que votre vie et celle des gens qui vous sont chers ont un sens est un des cadeaux les plus importants que *vous* puissiez recevoir.

> J'étais assise dans ma cour et je pensais à ma mère et à mon fils. J'ai senti monter en moi un très fort sentiment d'amour et de gratitude, et j'ai senti mon cœur s'ouvrir. Je n'avais jamais vécu une émotion aussi intense auparavant.
>
> J'ai regardé vers le ciel et j'ai remarqué deux nuages : on aurait dit un grand ange qui tenait un petit ange par la main. Je savais qu'ils représentaient ma mère et mon fils. J'étais surprise de voir l'effet que cette image avait sur moi.
>
> Deux semaines plus tard, ma mère recevait un diagnostic de cancer en phase terminale. J'ai commencé alors à prendre soin d'elle, et nos liens se sont renforcés. Quand j'étais totalement désespérée, je repensais aux nuages en forme d'anges et cela m'aidait à rester forte pour ma mère. Elle est morte cinq mois plus tard.

J'ai vécu une grande tristesse (comme tout le monde dans cette situation), et il m'arrive encore d'en ressentir. Écrire cette histoire m'a toutefois permis de comprendre que ma mère était maintenant en sécurité et dans la lumière. Son amour maternel est encore vivant.

❁ ❁ ❁

Tout ce que les anges nous demandent, c'est de croire en eux et d'écouter leurs messages. Comme leur but n'est pas de diriger notre vie, il arrive que le geste le plus puissant qu'ils puissent poser, ce soit de nous apporter du réconfort. Les signes des anges sont là pour nous faire voir que nous ne sommes pas seuls et que nous sommes sur la bonne voie dans notre vie. Les problèmes qui nous paraissent insurmontables se transforment en simples bosses sur la route quand on se rend compte de la force et de l'amour qui viennent du Ciel et qu'on voit que les anges sont avec nous. L'histoire d'Hiroko Iwasa l'illustre d'ailleurs très bien :

Ma vision du monde a beaucoup changé depuis que je vois des anges dans les nuages. Il y a trois ans, j'ai quitté mon emploi et j'ai appris par moi-même à faire de l'aromathérapie. Quelques mois plus tard, j'ai obtenu un diplôme qui me permettait de commencer à enseigner l'aromathérapie dans un établissement privé.

J'ai aimé enseigner… jusqu'à ce que mes étudiants se mettent à abandonner leur cours et que mon revenu baisse tellement que je ne puisse plus acheter le matériel qui m'était nécessaire pour enseigner. Pour augmenter mes revenus, j'ai commencé à travailler à temps partiel dans un centre d'appels. C'était un emploi très stressant, et ma santé a commencé à en souffrir. Mon stress et mes problèmes de santé n'ont pas eu un très bon effet sur les quelques étudiants qu'il me restait.

Dix-huit mois plus tard, je rentrais à la maison après avoir donné un cours et je me sentais découragé au sujet de mon avenir. J'avais un immense besoin d'aide et j'ai supplié mon ange gardien : « Ange, je t'en prie, aide-moi ! J'ai atteint les limites de ma patience ! »

J'ai regardé vers le ciel et j'y ai vu trois nuages qui ressemblaient à des anges ! Ils avaient l'air d'être sur le point de descendre sur terre. Ma santé a commencé à s'améliorer à partir de ce jour-là.

Trois jours plus tard, j'ai gagné un prix auquel je ne m'attendais pas – un jeu complémentaire des *Cartes divinatoires des Archanges* – ainsi qu'une offre pour de la publicité gratuite pour mes cours d'aromathérapie. Grâce à cette prière exaucée, j'ai pu quitter mon emploi au centre d'appels et me consacrer à temps plein à l'enseignement de l'aromathérapie. Maintenant que je suis consciente de l'existence des anges, ma vie va mieux !

Tout comme ç'a été le cas pour Hiroko, de nombreuses personnes ont reçu un message leur enjoignant de quitter leur principal emploi et de se lancer dans des carrières liées à la guérison ou à la santé holistique. Si vous faites partie de ces gens, vous avez sans doute remarqué que le désir de travailler à votre compte dans un domaine lié à la spiritualité devenait plus fort de jour en jour.

Quand les anges demandent à quelqu'un un aussi grand acte de foi, c'est souvent parce que le but de cette personne est plus grand que ce qu'elle croyait, et qu'il est temps pour elle de l'assumer. Si c'est votre cas, il vous faut demander aux anges un signe qui vous conforte dans la voie que vous avez choisie, et qui vous assure que tout ira bien. N'espérez pas une réponse rapide ; il vaut mieux simplement demander, puis continuer de vivre sa vie. Les anges n'oublieront pas de vous donner une réponse que vous saurez reconnaître.

Les nuages en forme d'anges sont des signes physiques qui nous indiquent que les anges sont à nos côtés en tout temps. Dans les moments où les anges nous sont le plus nécessaires, quand on vit un deuil, par exemple, ces phares dans le ciel nous offrent un réconfort qui mène à la guérison, comme nous le raconte Marge Jones :

> Ma bonne amie Pat a demandé, après avoir passé 57 jours à l'hôpital, qu'on débranche les appareils qui la maintenaient en vie. On lui avait dit que son cœur était en très mauvais état et ne pourrait être réparé, et que même si elle subissait une transplantation cardiaque, elle n'avait aucune chance de survie.
>
> Le jour où son mari Bill m'a annoncé la terrible nouvelle, j'étais complètement bouleversée. En regardant par la fenêtre de la salle à manger, j'ai vu se dessiner clairement un nuage en forme d'ange. J'ai tout de suite su que c'était Pat qui passait dans le ciel et me disait au revoir. Je suis devenue calme et

j'ai compris qu'elle était mieux là où elle se trouvait maintenant.

Environ au même moment, Jackie, la sœur de Pat, qui vivait à 100 kilomètres de nous, a regardé par la fenêtre et a vu un arc-en-ciel. C'était étrange parce qu'il n'y avait pas eu de pluie. Jackie a compris immédiatement que c'était la manière que Pat avait choisie pour lui dire qu'elle était rendue au Ciel.

Quand on reçoit un message immédiatement après avoir fait une prière, ou que les signes nous apparaissent avec une trop grande facilité, on a tendance à ne pas en tenir compte parce que la facilité avec laquelle la transmission s'est effectuée ne nous semble pas assez « mystique ». Dans un tel cas, les anges vont attendre le bon moment pour nous montrer qu'ils sont bien réels et qu'ils sont avec nous. Il arrive aussi que les signes ne nous apparaissent qu'au moment où on a presque perdu la foi, mais il ne faut pas oublier que les messages des anges sont faits sur mesure pour chaque personne et chaque situation. Sachez qu'il n'est pas nécessaire d'avoir un don particulier pour pouvoir parler aux anges ou pour les entendre ; il suffit d'avoir la foi.

Janet Ferguson nous raconte comment elle s'en est rendu compte :

> J'ai tenté pendant un certain temps d'entrer en contact avec mes anges, mais sans succès. Chaque nuit, j'avais mon « moment avec les anges » pendant lequel je m'assoyais pour leur parler, j'utilisais, mes cartes divinatoires, je leur écrivais des lettres ou je méditais et j'attendais des réponses.
>
> Si je recevais une réponse, je la remettais vite en doute, me convainquant qu'elle était le fruit de mon imagination ou que je prenais mes désirs pour des réalités. Je continuais néanmoins tous les jours à demander à mes anges qu'ils me guident, me protègent et me donnent des signes. Je les implorais : « Anges, je sais que vous êtes là, *de grâce*, donnez-moi un seul signe ! »
>
> Ma vie allait très mal à cette époque. J'avais des problèmes dans mon couple, avec mes enfants et mes parents, et je connaissais des difficultés financières. J'étais réellement déprimée, mais je continuais à harceler mes anges pour qu'ils m'apportent leur aide.
>
> Après environ six semaines sans aucun signe de la part des anges, j'ai commencé à

penser que je perdais mon temps. Je me suis dit que je m'accrochais peut-être à quelque chose qui n'était pas réel. Alors que je commençais tout juste à m'intéresser à la spiritualité, je me suis sentie idiote d'y croire. Mon conjoint me ridiculisait depuis un certain temps, et je commençais à penser que c'était lui qui avait raison : les anges n'existaient pas !

Toutefois, il y avait une partie de moi qui *savait* tout simplement que les anges existaient bel et bien. J'avais assisté à un séminaire de Doreen à Londres, en juin 2007, et je pensais qu'il était impossible que tous les gens présents là-bas aient tort !

Un matin, je me suis levée très tôt et j'ai commencé à parler aux anges avec une grande honnêteté tout en regardant par la fenêtre. Je leur ai parlé de tous mes problèmes, de mes inquiétudes, de mes peurs. Je leur ai demandé qu'ils me donnent plus de foi et leur ai expliqué à quel point j'avais besoin d'eux. J'ai demandé à l'archange Michaël qu'il défasse les blocages qui m'empêchaient de voir et d'entendre les réponses des anges.

J'ai littéralement exigé qu'ils me donnent un signe pour me prouver qu'ils existaient vraiment et qu'ils veillaient sur moi. Je leur ai dit : « J'ai besoin de savoir que vous m'entendez, sinon, j'abandonne ! » À ce moment précis, j'ai vu par la fenêtre une chose tout à fait extraordinaire : dans le ciel, les nuages formaient un énorme ange mâle avec des ailes géantes qui sortaient de ses épaules. Il était assis sur un trône et sa main droite tenait quelque chose. Le nuage était gigantesque et la lumière du soleil le traversait. Je suis tombée à genoux et je me suis mise à pleurer. Le visage ruisselant de larmes, j'ai regardé la forme jusqu'à ce qu'elle disparaisse. Pendant que je regardais le nuage, je ressentais un amour que je n'avais jamais connu. J'ai *su* que tout se passerait bien à partir de ce moment-là. Je crois que le nuage représentait l'archange Michaël avec son épée.

Depuis ce temps, j'ai remarqué beaucoup de petits signes qui m'indiquent que les anges sont avec moi. Chacun de ces signes me donne de la force et une raison pour continuer. Ma relation de couple a commencé à s'améliorer, et ma vie aussi. Je me sens en sécurité, aimée et protégée. Je parle souvent à mes anges maintenant. Ce sont des amis qui ne me quittent jamais et qui sont à mes côtés à toute heure du jour et de la nuit.

Si vous, qui me lisez, pensez à abandonner, *je vous prie de ne pas le faire !* Il m'a fallu longtemps avant d'entrer en contact avec mes anges, mais l'effort en valait la peine.

C'est toujours réconfortant de recevoir un message qui nous dit que l'on n'est pas seul. La prochaine histoire, racontée par Dawn Simpson, nous montre que plus notre besoin de réconfort est grand, plus le nuage sous forme d'ange qui nous sera envoyé sera grand lui aussi :

> Une nuit, je revenais de Boston avec une amie et je n'étais pas du tout à l'aise de conduire sur des chemins que je ne connaissais pas, à 11 heures du soir. J'étais nerveuse et j'ai demandé à mes anges de me guider pour que je rentre à la maison saine et sauve.
>
> C'est alors que j'ai remarqué un énorme nuage qui avait la forme d'un ange juste au-dessus de mon auto. Je l'ai fait remarquer à mon amie, et elle n'en revenait pas. Quand

> je lui ai dit que j'avais demandé à recevoir de l'aide, elle était très emballée parce que c'était sa première expérience avec les anges.

Si vous demandez l'aide des anges et qu'ensuite, vous croyez aux messages qu'ils vous envoient (comme des nuages sous forme d'anges), les anges pourront vous aider à traverser chaque période difficile de votre vie, comme nous le raconte Sue Mazza :

> Chaque fois que la vie devient stressante, les anges m'envoient des signes pour me réconforter. Si, par exemple, ma journée de travail se déroule mal, il arrive parfois qu'un client qui se dirige vers ma caisse porte une chemise où il est inscrit « ange », ou autre chose du genre.
>
> Une fois, un homme âgé est venu vers moi et m'a dit qu'il me garderait une place au Paradis — pas pour maintenant, mais pour beaucoup plus tard. Ses mots m'ont paru étranges jusqu'à ce que je lève la tête pour regarder le ciel et que j'y voie un

magnifique nuage rose en forme d'ange. J'ai alors compris que j'étais sur la bonne voie.

En plus des nuages sous forme d'anges, la guidance divine est souvent accompagnée de sentiments ou d'envies soudaines de regarder ou de se diriger dans une direction inhabituelle. La prochaine fois que cela vous arrive, allez-y ! On ne sait jamais ce que le Ciel nous réserve, comme l'a découvert Sandy Mayor :

> J'assistais à un atelier traitant de questions métaphysiques quand je me suis retrouvée à devoir faire face à mes plus grandes peurs. J'ai demandé à Dieu et à mes anges de m'aider, de me soutenir et de me guider.
>
> Cet après-midi-là, j'ai eu une révélation pendant le cours. Quand nous sommes sortis de l'immeuble et que nous avons traversé une rue animée, quelque chose m'a incitée à me pousser vers la gauche et à regarder en l'air. Je me suis arrêtée au beau milieu de la rue… j'étais stupéfaite. J'ai pointé le ciel du doigt, ma bouche s'est ouverte, mais je n'arrivais pas à émettre un seul mot. Une voix a fini par retentir, et j'ai eu de la difficulté à reconnaître que c'était la

> mienne : « Regardez le ciel — il y a un cœur ! » On pouvait voir un immense cœur parfaitement formé qui semblait avoir été dessiné avec une plume céleste. C'était le signe que Dieu et les anges m'envoyaient pour me dire que tout allait bien et que j'étais vraiment aimée.
>
> C'était une de mes premières expériences d'intervention angélique, et je ressens toujours une chaleur pleine d'amour monter en moi quand j'y repense.

❂ ❂ ❂

Les anges vous font savoir que vous êtes quelqu'un de spécial et que vous êtes aimé. Quand vous êtes en contact avec eux, des choses incroyables peuvent se produire, et vous comprenez que les miracles existent bel et bien, comme nous l'illustre le récit de Joy Roach :

> Un matin, je suis sortie tôt sur la véranda de mon appartement faire mes prières pour commencer la journée. Le ciel était couvert, et il y avait des nuages noirs dans toutes les directions. J'ai récité mes prières et j'ai terminé ma séance en imaginant la lumière blanche du Saint Esprit qui m'enveloppait

pendant que je faisais des invocations aux archanges.

J'essayais d'imaginer chaque archange en train de remplir mon aura de la couleur qui lui correspondait. Quand j'ai eu terminé, j'ai ouvert les yeux et j'ai vu, juste en face de moi, une trouée d'un bleu éclatant et un rayon de lumière vive. À ma gauche et à ma droite, les nuages noirs étaient encore présents, mais au-dessus de moi, le ciel était tout à fait clair et sans nuages.

Encore aujourd'hui, il m'est difficile de décrire la joie pure que j'ai ressentie à ce moment-là. Je me suis sentie vraiment comblée, et les émotions positives que ces quelques moments précieux ont engendrées sont restées longtemps présentes en moi. J'espère vivre encore d'autres expériences de ce genre — pas pour recevoir une validation, car je n'en ai plus besoin, mais juste pour éprouver la joie qu'elles procurent.

Les anges transmettent aussi des messages de réconfort qui viennent de personnes chères décédées. Très souvent, ces messages prennent la forme de signes comme des nuages en forme d'anges, des papillons, des oiseaux ou des symboles personnels. Si vous avez des sentiments non résolus ou le besoin de savoir qu'une personne décédée est heureuse, il vous suffit de demander au Ciel de vous aider à faire votre deuil, comme l'a fait Nancy Woodside :

> Après la mort de mon père, nous avons dispersé ses cendres dans un endroit isolé dans le désert, où nous allions camper quand nous étions plus jeunes. C'est un très bel endroit entouré de collines de différentes couleurs.
>
> Un jour, mon mari et moi sommes allés visiter l'endroit qui était devenu la dernière demeure de mon père. J'ai marché seule dans un petit canyon pour méditer et parler avec papa. J'ai versé beaucoup de larmes et j'ai demandé à avoir un signe qui me confirmerait que nous avions choisi le bon endroit pour lui. J'ai regardé vers le ciel, que je pouvais à peine voir à cause des parois du canyon, et j'y ai vu deux traînées de vapeur qui se croisaient, formant une croix magnifique.
>
> À ce moment précis, comme par magie, le croissant de lune est apparu. Il semblait former un grand sourire dans le ciel. Et j'ai

souri à mon tour, car j'avais compris que nous avions fait ce qu'il fallait.

❁ ❁ ❁

Si les signes subtils ne vous suffisent pas, les anges seront heureux de vous en montrer des plus grands et des plus significatifs. Maria Marino avait besoin d'un signe qui ne présente aucune ambiguïté, et c'est ce qu'elle a reçu :

> J'ai demandé aux anges d'aider mes fils jumeaux afin qu'ils soient acceptés dans une école qui serait « divinement » parfaite. Croyez-moi, quand on a des jumeaux et qu'on vit à Manhattan, il faut un miracle pour obtenir une place dans une bonne maternelle. Les anges m'envoyaient sans cesse le message d'être patiente. À un certain point, j'ai cru que cela n'allait jamais arriver.
>
> J'avais pourtant vu beaucoup de plumes sur le sol, ce qui confirmait que les anges travaillaient pour moi en coulisse. Mais comme il n'y avait toujours aucune école en perspective pour mes fils, je commençais vraiment à douter que j'allais finir par avoir une place pour eux.

Une nuit, j'ai senti très clairement qu'il me fallait sortir de la maison. J'ai vu, qui couvrait tout le ciel au-dessus de notre maison, un immense nuage qu'on ne pouvait rater et qui ressemblait à une plume. Il a été là environ 10 minutes, puis il est disparu.

Ce signe parfait et impossible à manquer avait été conçu par les anges artistes. N'avais-je pas demandé à recevoir un signe clair de leur part ? Eh bien, je l'avais eu ! Le lendemain matin, j'ai reçu un appel du responsable des admissions dans une merveilleuse école. Mes fils ont bel et bien été acceptés de manière miraculeuse !

Le fait que le nuage de Maria ait la forme d'une plume a permis à Maria de se détendre et d'avoir confiance. Les plumes sont un signe que le Ciel nous envoie souvent, étant donné que nous les associons avec les ailes des anges.

Dans le prochain chapitre, vous découvrirez que les plumes qui nous apparaissent mystérieusement ont réellement des origines divines.

Chapitre 2

LES PLUMES TROUVÉES

Peut-il y avoir une carte de visite plus appropriée pour un ange qu'une plume abandonnée ? Les anges laissent ces offrandes très spéciales dans les endroits les plus étranges. Nous en avons déjà trouvé dans des lampes à l'intérieur d'une maison, dans des voitures et même une fois dans un ascenseur ! La plume est sans doute le signe angélique suprême. Selon notre expérience personnelle, les plumes servent à réconforter une personne en lui confirmant une chose dont elle est déjà au courant concernant une question ou une situation.

Les plumes, qui sont toutes de taille et de couleur différentes, sont des signes extraordinaires parce qu'elles sont en lien direct avec la pensée, la prière ou la question qu'on a en tête. Il est rare qu'on tombe sur une plume laissée par un ange sans qu'on en comprenne la signification. Soit qu'on trouve une plume justement comme on est en train de penser à quelque chose, soit que l'association nous apparaisse de manière évidente.

Les histoires de ce chapitre, qui racontent toutes une anecdote en lien avec des plumes qui sont des signes de l'Au-delà, sont de magnifiques exemples de la façon dont les anges veulent que nous soyons rassurés en ce qui a trait à nos pensées et à nos intuitions. Nous allons commencer avec Xanthea Hayes, qui a découvert que sa plume était là pour lui faire comprendre de lâcher prise et de faire confiance à l'Univers :

> Je venais d'acheter ma première voiture neuve et j'avais peur de faire un accident, car je n'aurais pas eu les moyens de payer des réparations. Je priais donc chaque matin pour que mon auto et ses passagers soient protégés.
>
> Un matin où j'étais particulièrement stressée en me rendant au travail, j'ai remarqué qu'il y avait quelque chose

d'accroché à la manche de ma blouse. C'était une plume parfaitement blanche ! J'ai senti une vague d'amour monter en moi en la regardant. Je savais qu'elle avait été placée là pour me rappeler qu'on veillait toujours sur moi et que je n'étais jamais seule.

Il n'y avait aucune façon pour que la plume se soit attachée à moi durant mes préparatifs du matin. Je n'ai pas d'oreillers en plumes, nous n'avons pas d'oiseau et il n'y avait pas d'autres plumes dans ma cour ou dans mon auto.

❁ ❁ ❁

S'il vous arrive de vous sentir seul ou abandonné, demandez aux anges de vous offrir des signes réconfortants de leur présence. Il y a de bonnes chances que vous trouviez alors des plumes, comme nous le raconte Elizabeth LaFontaine :

Après avoir vécu toute ma vie dans la même ville que toute ma famille, j'avais déménagé dans une autre ville. Ça avait été vraiment difficile, car je commençais tout juste mon secondaire. Je me trouvais soudain loin de tout ce qui m'était familier. Pour couronner le tout, mon grand-père était hospitalisé. Je vivais au jour le jour, mais en novembre, mon grand-père est décédé. Il avait toujours été présent dans ma vie et il me manquait terriblement. De plus, j'étais encore en période d'adaptation face à mon nouvel environnement.

C'est alors que j'ai commencé à trouver des plumes chaque fois que je pensais à mon grand-père, et surtout les jours où je me sentais un peu triste ou que je me sentais insécure. Il y en avait devant ma porte quand je sortais, sur le chemin quand je me promenais. Chaque fois que je tombais sur une plume, je souriais et je sentais une chaleur dans mon cœur, qui me rappelait que tout allait bien.

Je me sentais rassurée, en sécurité et heureuse. Je sentais que mon grand-père était également heureux, et que les choses étaient comme elles se devaient d'être. Merci les anges et grand-papa !

Elizabeth a découvert qu'elle n'était pas seule, et vous ne l'êtes pas non plus. Vous avez des anges gardiens qui vous aiment et vous protègent en tout temps. Si vous avez de la difficulté à sentir leur présence, demandez-leur de vous envoyer un signe de l'Au-delà. Kathaline Schoonen nous raconte dans son récit réconfortant comment les enfants associent naturellement les plumes aux anges :

Il y a quelques mois de cela, Ezra, mon fils de neuf ans, s'est découvert un talent athlétique dans le cadre de la fête des sports organisée par son école dans le parc derrière chez nous. À la fin de la journée, il a trouvé une superbe plume blanche, qui avait pour lui une grande signification. Il l'a rangée avec soin dans sa chambre.

Le lendemain, mon fils devait aller manger chez un ami. La mère de cet ami a demandé aux deux garçons s'ils voulaient piger une carte dans un jeu de cartes divinatoires des anges. Ezra s'est concentré et en a pigé une sur laquelle il était écrit : « Si vous trouvez une plume blanche, cela signifie que vos anges sont très près de vous. »

Il était heureux d'avoir reçu cette validation, et quand il est rentré à la maison, il a placé sa plume blanche au-dessus de son lit. Peu de temps après, notre adorable chien Pelle, qui était très vieux, est mort. Aux funérailles, Ezra et moi avons enterré la précieuse plume avec notre chien bien aimé.

Ezra a laissé sa plume avec son animal chéri pour montrer comment les anges sont toujours près de nous. Le plus gros défi que l'on rencontre quand on veut travailler avec les anges et être ouvert aux signes qu'ils envoient, c'est de retrouver une foi spontanée et la capacité d'émerveillement que les enfants ont tout naturellement. On peut apprendre beaucoup de choses en observant les enfants. On apprend aussi en faisant confiance aux anges et en ayant confiance en soi. Cependant, quand on doute, il faut chercher des signes, comme l'a fait Carmen Carignan :

> Chaque fois que je me sens confuse, inquiète ou dépassée par les événements, les anges m'envoient des signes rassurants pour me dire que je suis sur la bonne voie. Ce fut aussi le cas il y a deux ans de cela.
>
> Je suis infirmière en salle d'accouchement dans un petit hôpital communautaire. Notre unité de soins pour les femmes a ceci de particulier que nous avons une vision non interventionniste de l'accouchement. À cause de notre philosophie, nous sommes devenus des leaders de l'accouchement aquatique, qui est une façon tout en douceur de mettre un enfant au monde.

Malgré cela, et parce que la communauté médicale fonde ses pratiques sur des preuves, l'accouchement dans l'eau est considéré comme « expérimental et potentiellement dangereux » à cause du peu de recherches effectuées sur le sujet. Nous avons donc formé un petit groupe dans le but de mener notre propre recherche pour démontrer que l'accouchement dans l'eau était sans danger. Nos résultats allaient ensuite être publiés dans des journaux médicaux et présentés dans des conférences aux quatre coins du pays.

Comme nous discutions de la façon dont nous allions aborder notre recherche, nous nous sommes rendu compte que nous tenions en main un projet considérable ! Deux personnes de notre équipe avaient déjà abandonné, et nous nous demandions si cette étude n'était pas trop exigeante pour nous. Nous étions assis autour d'une grande table sur laquelle il y avait une pile de livres sur la recherche. Pendant que nous nous demandions si nous devions continuer, j'ai remarqué une toute petite plume duveteuse qui descendait lentement du plafond pour atterrir juste au beau milieu de nos livres ! (Un autre membre de l'équipe a remarqué la même chose.) Un frisson m'a parcouru le corps, et j'ai immédiatement compris que nous devions continuer. Les anges allaient gentiment nous guider d'une étape à l'autre.

Cela fait maintenant deux ans : nous avons compilé des statistiques, et la première phase de notre projet est achevée. À deux reprises, on nous a demandé d'en parler devant des membres de la communauté médicale. Et notre recherche sera bientôt publiée dans des revues spécialisées.

Dieu soit loué pour cette petite plume, grâce à laquelle les anges nous ont donné le courage de continuer. Je suis encore émerveillée et très reconnaissante pour cette guidance toute discrète.

N'est-ce pas rassurant de savoir que les anges sont présents pour vous et pour tout le monde, qu'ils apportent la paix et la joie partout sur la planète ? Karen Forrest nous raconte une histoire d'une grande force qui illustre comment les anges peuvent prendre plaisir à nous répondre quand on leur demande des signes de leur présence :

Mon mari, Wayne, et moi étions partis pour des vacances de rêve de 11 jours à

Londres et à Paris. Au milieu du voyage, je me suis rendu compte que j'avais abandonné mes pratiques spirituelles habituelles, c'est-à-dire la méditation et l'utilisation des cartes angéliques. J'avais besoin de savoir que mes anges étaient toujours avec moi, et ce, même si j'étais de l'autre côté de l'océan. Pendant que je visitais la National Gallery à Londres, je les ai invoqués en disant : « Mes anges gardiens, je sais que vous êtes toujours avec moi, mais j'ai vraiment besoin de sentir votre présence. Pourriez-vous, s'il vous plaît, me donner un signe pour me montrer que vous êtes à mes côtés ? »

J'ai continué à me promener dans le musée et je suis tombée, tout de suite après, sur deux magnifiques et immenses portraits de l'archange Michaël ! Comme c'est l'archange que j'invoque le plus souvent, c'était pour moi très significatif. J'ai senti une chaleur pleine d'amour monter en moi. Quelques minutes plus tard, alors que j'étais encore dans le musée, une petite plume blanche est tombée juste à mes pieds, et j'ai senti très nettement la présence de mes anges gardiens !

Le lendemain, comme nous visitions la ville de Bath, une grande plume blanche est tombée juste devant moi. Je ne voyais aucune autre plume, et il n'y avait aucun oiseau dans le ciel au-dessus de moi à ce moment-là. À trois autres reprises, cette journée-là, il m'est arrivé de trouver des plumes blanches à mes pieds (dont une à l'intérieur d'un autre musée).

C'en était rendu que même mon mari avait remarqué le phénomène. Wayne m'a demandé comment se faisait-il que toutes ces plumes blanches atterrissaient juste à mes pieds.

J'ai ri et je lui ai expliqué que j'avais demandé à mes anges de me donner un signe pour marquer leur présence. Wayne a simplement souri d'un air indulgent, sachant l'importance qu'avait pour moi ma connexion avec les anges. Et chaque fois que je ramassais encore une autre plume blanche, je me sentais en paix et aimée.

Ces signes m'ont permis de sentir un lien encore plus fort avec le Ciel. J'ai aussi appris que peu importe dans quel endroit du monde je me trouvais, mes anges étaient toujours à mes côtés !

En général, il faut demander aux anges qu'ils nous envoient un signe, car ils respectent notre liberté de choix. La façon de demander peut toutefois être très subtile, il suffit parfois de simplement souhaiter recevoir de l'aide et du réconfort. Quelle que soit la manière dont vous demandez à recevoir leur aide, les anges apparaissent toujours de façon miraculeuse, comme nous le rapporte Aileen Kushner dans cette histoire :

> Ma mère, qui s'ennuyait beaucoup de mon père depuis qu'il était décédé, devait subir une chirurgie mineure. Cela la rendait nerveuse, car elle était rarement malade.
>
> Je dois préciser qu'elle était dans un établissement médical qui utilise les meilleures procédures de désinfection qui soient — tout y est aseptisé et éclatant. Comme j'arrivais à sa chambre, j'ai trouvé une grande plume d'un blanc parfait dans l'embrasure de la porte. Quelles étaient les chances que je trouve une plume d'une telle dimension dans un hôpital ? J'ai compris que mon père était là et qu'il la protégeait.
>
> La première chose que ma mère m'a dite est qu'elle n'était pas à l'aise dans cette situation et qu'elle aurait aimé que mon père soit là pour la soutenir. Je lui ai donné la plume

> et lui ai expliqué où je l'avais trouvée. Je lui ai rappelé qu'elle n'était pas seule, et que mon père allait être à ses côtés tout le temps. Et il l'a été.

Les anges et le père d'Aileen lui ont donné la plume de façon à ce qu'il ne puisse y avoir de doute quant à sa signification. Nos anges et les êtres chers qui sont décédés sont toujours heureux de nous donner des preuves de leur présence, et ils le font habituellement à un moment qui est « divinement » parfait. Même si l'énergie des gens qu'on aime est toujours présente, nous pouvons nous sentir encore plus près d'eux en leur demandant un signe, comme Sherry Krause l'a fait :

> Un jour que je me sentais particulièrement déprimé, j'ai demandé à mon premier amoureux de m'envoyer un signe. Il s'était suicidé un an auparavant, et cela me rendait triste qu'il soit parti ainsi. Je lui ai explicitement demandé de m'envoyer une plume pour me montrer qu'il m'avait entendue.
>
> Un peu plus tôt au cours de la journée, une entreprise d'aménagement paysager avait laissé un gros trou dans notre pelouse. J'ai pris une pelle pour le remplir. Comme je m'apprêtais à donner un coup de pelle, j'ai

trouvé une plume magnifique. J'étais tellement contente ! Comme j'avais encore des doutes, j'ai demandé à trouver une autre plume. J'ai rempli le trou et quand je me suis retournée pour ranger la pelle – à mes pieds, il y avait une autre plume. Mes doutes n'étaient toutefois pas disparus, étant donné que nous avons beaucoup d'oiseaux dans notre cour.

Je me suis excusée et j'ai dit que j'aimerais trouver une troisième plume. Je suis entrée dans ma cuisine… et qu'est-ce qu'il y avait sur le comptoir ? Une plume ! J'ai fondu en larmes de joie. Il était impossible que la plume soit « tombée » dans la maison ! J'ai finalement baissé la garde et accepté le signe. J'ai compris que les autres plumes étaient aussi un signe du Ciel.

Parfois, il arrive qu'une seule plume ne suffise pas à transmettre le message d'amour que les anges désirent laisser. Quand on a un *grand* besoin de se faire rassurer, il ne faut pas s'étonner d'en recevoir toute une nuée, comme c'est arrivé à Gina Cannella :

J'ai vécu la pire journée d'hiver de ma vie au beau milieu de mon divorce. C'est un temps de l'année où Seattle est sombre, froide et humide, ce qui ne faisait qu'augmenter mon sentiment de tristesse. Après avoir pleuré et crié dans mon oreiller toute la nuit, et m'être très peu reposée, je suis sortie de la maison avec l'intention de monter dans ma voiture et d'aller travailler. Et qu'est-ce que j'ai trouvé qui recouvrait ma veille Honda toute déglinguée ? Des centaines de petites plumes duveteuses !

Comme j'avais déjà étudié la nature du royaume angélique, j'ai senti les larmes me monter aux yeux (accompagnées de joie et d'espoir). Les plumes couvraient et enveloppaient mon auto, mais il n'y en avait pas sur le sol ni nulle part ailleurs !

J'ai pleuré, car je savais que maintenant, tout allait bien aller, et je sentais que j'étais aimée et qu'on veillait sur moi. J'ai ramassé quelques plumes et les ai mises dans un sac plastique que j'ai laissé sur ma véranda. Quand je suis revenue après ma journée de travail, le sac de plumes n'y était plus. J'habitais dans un coin isolé, à l'époque, et je doute que quelqu'un soit passé durant la journée, et même si c'était le cas, la personne n'aurait pas vu le sac à l'endroit où je l'avais placé.

Les anges laissent des plumes et d'autres messages d'une manière personnalisée en fonction du degré de foi de chacun. Ils veulent être certains que la personne comprenne la signification de leur cadeau et qu'elle puisse croire que c'est un vrai message de l'Au-delà. Il arrive aussi, comme dans l'histoire de Shelly, que ce qui est significatif, ce soit la façon dont une plume apparaît :

> Cela faisait plusieurs semaines que je me sentais épuisée et déprimée. Je n'étais tout simplement pas capable de faire face aux épreuves que la vie m'envoyait. Je me demandais s'il y avait quelqu'un quelque part qui se souciait de moi, comme mes anges gardiens par exemple, à qui j'avais demandé de l'aide. J'avais réellement besoin de sentir qu'ils veillaient sur moi.
>
> Je me suis installée pour regarder la télévision avec mon conjoint. J'ai ressenti un soudain besoin de regarder vers le haut. J'ai vu une petite plume blanche descendre du plafond doucement vers moi ! J'ai avancé ma main, et la plume a atterri dans le creux de ma main.
>
> « Regarde, regarde ! ai-je dit à mon compagnon. C'est un signe, celui que j'attendais depuis si longtemps. » Il n'y avait rien qui

> puisse expliquer l'apparition de cette plume. Mon conjoint ne croit pas aux anges, mais je pense que cette fois, même *lui* a été ébranlé.
>
> À partir de maintenant, je n'aurai plus jamais de doutes. Mes anges sont avec moi et veillent sur moi partout où je vais !

Quand vous ressentez le besoin d'apporter de grands changements dans votre vie, il se peut que vous vous demandiez si vous faites réellement la bonne chose. Dans de telles situations, il est bon de demander aux anges un signe qui confirme que le Ciel vous guide dans cette nouvelle direction, comme l'a découvert Niki Leach :

> Un matin, je me rendais au bureau, me demandant si c'était une bonne idée de diminuer mes heures de travail afin d'avoir plus de temps à consacrer à mon entreprise personnelle dans le domaine qui m'intéressait vraiment. Un instant plus tard, je tournais pour prendre l'autoroute. Je me suis retrouvée soudain au beau milieu d'un nuage de plumes qui tourbillonnaient autour de ma voiture. Je me suis demandé si l'auto devant moi n'avait pas heurté un oiseau, mais il n'y avait rien sur la route qui pouvait faire croire qu'un tel incident avait

eu lieu. Quand j'ai regardé derrière moi par le rétroviseur, les plumes avaient disparu !

Quand je suis arrivée au travail, j'ai trouvé une plume d'un blanc très pur accrochée à ma voiture. J'ai considéré que c'était un signe qui me disait d'aller de l'avant avec mon entreprise, et j'ai donc décidé de réduire mes heures de travail.

Chaque fois que vous trouvez une plume, demandez aux anges ce que cela signifie. La première pensée ou émotion qui vous vient sera votre réponse. Si vous avez encore besoin d'une confirmation, demandez aux anges qu'ils vous en donnent une, car ils sont une source inépuisable de signes et aussi de foi. Les plumes et les autres signes vous font voir que vous n'êtes pas seul, que vous ne l'avez jamais été et ne le serez jamais. L'histoire de Mary Creech en est une bonne illustration :

Rien ne m'avait vraiment préparée, pas même mon emploi de travailleuse sociale dans un hospice, à la douloureuse épreuve de voir mon frère de 58 ans mourir du cancer. Même si nous avions eu de nombreux désaccords au cours des années, nous étions très proches l'un de l'autre. Nous avions subi de mauvais traitements quand nous étions petits, et mon frère avait été mon protecteur. Je n'avais jamais pensé qu'il me serait si difficile de perdre cette impression physique d'être protégée.

Après la mort de mon frère, j'ai ressenti le besoin d'aller à la plage pour me reposer et vivre ma peine. En route, j'ai rencontré un guérisseur amérindien qui m'a dit : « N'oublie pas, si tu trouves une plume, cela signifie que l'Au-delà tente d'entrer en contact avec toi pour te saluer et te faire savoir que tu n'es pas seule. » Le premier jour, comme je marchais sur la plage en pleurant, j'ai trouvé une plume qui flottait sur l'eau. J'ai senti la présence de mon frère, et cela m'a apporté un sentiment de paix.

Cela faisait 30 ans que je me promenais sur les plages de la Floride, et je n'avais jamais trouvé de plumes flottant sur l'eau. Au cours des trois jours qui ont suivi, j'en ai trouvé cinq ! Je savais que c'étaient des signes clairs de la présence de mon frère qui me protégeait et me disait : « Salut, bébé. »

Depuis ce temps, je trouve des plumes sur le seuil de ma porte, dans ma cour à côté de ma voiture, et même quand je suis en vacances dans des endroits qui me font penser à mon frère. Je sais maintenant que le véritable amour fraternel ne meurt jamais, et que lorsqu'on a besoin d'eux, les êtres qui nous sont chers nous donnent des signes incontestables de leur présence à nos côtés.

Les meilleurs conseils qu'on puisse recevoir arrivent souvent sous forme de signes. Après tout, ne voulons-nous pas simplement nous faire dire que tout va bien aller? Denise Dorfman nous montre qu'il suffit d'une prière pour recevoir la confirmation que nous sommes sur la bonne voie :

Je vivais des moments difficiles. J'étais en train de terminer mes études supérieures et je me cherchais un nouvel emploi. Je ne voulais pas *n'importe quel* emploi; j'en voulais un qui me permettrait de mettre en valeur mes talents et mes capacités. Je communiquais beaucoup avec le Ciel grâce aux cartes divinatoires des anges.

Un jour, comme je marchais à l'extérieur de mon immeuble à appartements, j'ai trouvé une plume. J'ai considéré que c'était un signe positif de la part des anges et je me suis dit : « Ce serait chouette si je trouvais

> beaucoup de plumes. Je saurais alors avec *certitude* que les anges sont avec moi ! »
>
> Effectivement, la fois suivante où je suis passée du côté ouest de l'immeuble, j'ai trouvé 2 plumes, puis 4, puis 8... finalement, j'en ai trouvé 16 ! Ça m'arrivait chaque fois que je marchais dans ce coin-là ! Cela m'est apparu comme un signe très positif de l'intarissable abondance de Dieu. Les cartes des anges m'ont aussi annoncé que j'allais avoir un nouvel emploi en juin 2007. Et, évidemment, c'est ce qui est arrivé. Tout s'est finalement très bien arrangé, et je continue de recevoir des signes qui me montrent que les anges sont toujours avec moi.

Les signes de l'Au-delà sont des encouragements qui nous aident à continuer dans les temps difficiles. Comme nous l'avons vu jusqu'ici, ils peuvent servir à apaiser les cœurs en deuil qui se demandent comment survivre à la perte qu'ils ont vécue. Les anges nous offrent des signes réconfortants et la confirmation que les êtres qui nous sont chers sont toujours là. Comme il nous arrive d'avoir des liens très étroits avec nos animaux domestiques, il n'est pas surprenant que les anges se montrent pleins de compassion envers les personnes qui pleurent la perte d'un animal. C'est ce qu'a vécu Mary Schexnaydre :

> Mon vieil épagneul cocker a commencé à avoir de la difficulté à marcher. Le vétérinaire m'a dit que c'était sans doute dû à une compression de la moelle épinière causée par une tumeur, et que mon animal finirait sans doute paralysé. Ce qui est finalement arrivé. Lors de la dernière nuit que ma chienne a passée à la maison, je suis restée réveillée et je lui ai tenu compagnie toute la nuit. Elle semblait très consciente de sa situation. Je lui ai dit combien je l'aimais et lui ai donné un os, qu'elle a longtemps grugé. Quand le jour s'est levé et que la clinique vétérinaire a ouvert, je l'ai emmaillotée et l'ai emmenée là-bas. J'ai signé les documents autorisant l'euthanasie et je l'ai tenue dans mes bras pendant que le vétérinaire la faisait doucement passer dans l'autre monde.
>
> Cette nuit-là, je suis allée à l'hôpital où je travaille comme infirmière. Quand je suis sortie dans le stationnement le lendemain matin, j'étais triste et lasse. Arrivée à ma voiture, j'ai eu la surprise de trouver des plumes de pigeon coincées dans la vitre du

conducteur et celle du passager. J'ai regardé les autos stationnées à côté de la mienne, mais aucune plume ne s'y trouvait. J'ai tout de suite compris le message : mon animal allait bien.

Le principal objectif des anges est d'apporter la paix sur Terre — un cœur humain à la fois. Ils nous aident pour les petits et grands problèmes de la vie, du moment que cela apporte un peu de paix. Les anges savent que plus on est stressé, plus on perd sa paix intérieure. Ils sont donc heureux de nous montrer le chemin à prendre en nous offrant des signes, comme c'est arrivé à Karen Barnett :

> Je venais de finir de faire mes courses, et il me restait juste assez de temps pour aller chercher ma fille, Alisha, à la maternelle. J'étais prête à démarrer, quand je me suis rendu compte que mon auto ne pouvait avancer parce que le frein de secours était bloqué ! Le standardiste de l'assistance routière m'a dit qu'une dépanneuse allait arriver dans 40 minutes. J'étais paniquée, étant donné que je devais aller chercher Alisha au plus tard dans 30 minutes et que j'étais à 10 minutes de route de son école.

J'ai immédiatement demandé aux anges de m'aider. Je me suis mise à répéter : « S'il vous plaît les anges, faites que je prenne Alisha à l'heure, je vous en prie. » J'étais à l'entrée du stationnement, de façon à ce qu'on puisse facilement me repérer, et c'est là que j'ai vu une plume blanche passer en flottant et atterrir près de moi. J'ai remercié les anges de m'avoir envoyé ce signe réconfortant.

J'ai reçu ensuite un texto de l'assistance routière qui me disait qu'on avait sous-traité mon appel à une entreprise locale, et qu'une dépanneuse allait bientôt arriver. Cela m'a permis de me calmer un peu. J'ai demandé alors aux anges de m'envoyer un autre signe confirmant que j'allais arriver à temps à l'école d'Alisha. En levant les yeux, j'ai vu passer un gros camion sur lequel était peinte une grande plume blanche ! Cinq minutes plus tard, le gars de l'entreprise locale est arrivé et il a immédiatement réussi à relâcher mon frein. Je l'ai remercié ainsi que mes anges pour leur assistance.

Je suis arrivée à l'école d'Alisha avec cinq minutes d'avance ! Je n'ai toujours pas réussi à trouver le nom de l'entreprise qui a une grande plume blanche dans son logo, surtout qu'il n'y avait rien d'écrit sur le camion!

❂ ❂ ❂

Les anges nous envoient des signes physiques, qui peuvent prendre la forme de plumes ou d'autres objets – comme des pièces de monnaie – ou encore de créatures vivantes, comme des papillons ou des oiseaux, ou bien encore des fleurs. Outre ces signes tangibles, les anges aiment utiliser la musique pour attirer notre attention, comme nous le verrons dans le prochain chapitre.

❂ ❂ ❂ ❂ ❂ ❂

Chapitre 3

LES SIGNES MUSICAUX

Les scientifiques ont découvert récemment que la Terre émettait une tonalité harmonique dans l'Univers. Cette tonalité, qui est indécelable par l'oreille humaine, est notre signature harmonique, c'est le résultat de l'ensemble des mouvements et des activités qui se déroulent sur la planète. Les ondes, les mouvements sismiques, les éclairs et toutes les autres formes de conditions climatiques difficiles jouent ensemble dans un orchestre qui crée la bande sonore de notre existence.

Il n'est donc pas surprenant que les humains aiment faire et écouter des motifs agencés de tons et d'harmoniques. La musique est une des choses les plus faciles à saisir pour notre esprit, car nous possédons un sens naturel du rythme (certains plus que d'autres, bien sûr).

Les anges utilisent souvent le son et l'énergie de la musique pour transmettre des messages. De nos jours, presque partout où l'on va, on entend de la musique, sous une forme ou une autre, qui remplace le silence. La plupart du temps, on ne s'en rend même pas compte, parce que c'est rendu banal. La musique peut faire naître des souvenirs ou des images d'événements, de gens ou d'endroits qui remontent de notre passé. Soyez attentif parce que les chansons qui reviennent souvent (ou des séries de chansons sur le même thème) sont presque toujours des signes de l'Au-delà.

Parfois, la musique peut aussi servir à confirmer la présence constante des anges autour de nous, comme nous le raconte Natalie Atkinson :

> David, un garçon qui allait à mon école, m'a demandé si je croyais aux anges. Je lui ai répondu que j'en doutais. Il m'a alors dit, de manière mystérieuse, que j'allais bientôt les découvrir. J'étais à la fois déconcertée, vaguement perplexe et un peu curieuse.
>
> En rentrant chez moi, ce jour-là, je me suis rappelé qu'il m'était déjà arrivé de me

tromper sur certains sujets, alors que j'étais certaine d'avoir raison. Je me suis alors demandé si le fait de ne pas croire aux anges ne faisait pas partie de cette catégorie.

Le lendemain matin, comme je me rendais à l'école en voiture, une chanson qui parlait des anges passait à la radio. J'ai dit en silence : *Bon, les anges, si vous existez réellement, je veux avoir un signe en bonne et due forme aujourd'hui – pas un signe qui porte à confusion, mais un signe clair de votre existence.*

Même si j'adore la musique, je me lasse vite d'une chanson. Ainsi, au beau milieu de celle que j'étais en train d'écouter, j'ai décidé de changer de chaîne. À ma grande surprise, je suis de nouveau tombée sur une chanson qui parlait des anges. Elle s'intitulait *Angels Brought Me Here*[1]. Cela m'a paru étrange, et j'ai changé encore une fois de chaîne de radio. J'ai entendu deux autres chansons sur les anges, une à la suite de l'autre. Ce ne pouvait être une coïncidence ! Au milieu de la deuxième chanson, j'ai encore changé de chaîne. Vous avez bien deviné, il y avait encore une chanson qui parlait d'anges !

1. N.d.T : Les anges m'ont amené jusqu'ici.

> Je me suis arrêtée sur le côté de la route, stupéfaite et en état de choc. C'est à ce moment-là que j'ai accepté la présence des anges dans ma vie. Ils avaient toujours été là, mais j'étais désormais prête à admettre leur existence.

David a été l'ange de Natalie, car grâce à lui, elle est devenue consciente de la présence de ses aides célestes et de leurs signes musicaux. Il ne fait aucun doute que vos anges vous ont déjà parlé en utilisant la musique, également. Si vous sentez ou croyez qu'une musique détient une signification particulière, alors, c'est bien le cas. Il faut toujours se fier à sa première impression quand la musique fait naître un souvenir ou une intuition, comme l'ont découvert Jennifer Bonk et son mari :

> En rentrant de vacances, nous sommes tombées, ma famille et moi, sur des conditions météorologiques affreuses. James, mon mari, était au volant, et mes deux filles, Gabriella Grace et Angelina Faith, essayaient de dormir à l'arrière de la voiture. La pluie tambourinait sur l'auto, et j'ai immédiatement invoqué les anges et les fées.
>
> Dès que j'ai eu terminé mes prières, la pluie est devenue moins forte et a fini par

arrêter. Mais j'étais sur le point de recevoir un signe encore plus important. Pendant l'averse, nous avions raté la station-service. Sur l'autoroute à péage de Pennsylvanie, il peut y avoir jusqu'à 80 km entre deux stations-service. Notre tableau de bord s'est mis à émettre un signal sonore ; il y était indiqué qu'il restait assez d'essence pour rouler environ 60 kilomètres.

Mon mari a commencé à s'inquiéter, mais moi, je me suis mise à prier, puisque nous avions été aidés lors de l'averse. J'ai demandé aux anges d'entourer notre voiture et de nous conduire en toute sécurité jusqu'à une station-service. Tout de suite après, j'ai entendu une chanson du groupe Warrant à la radio. Son titre a attiré mon attention, c'était *Heaven Isn't Too Far Away*[2].

J'ai dit à mon mari que tout allait bien se passer et que nous allions arriver à temps à la prochaine station-service. Il a ri quand je lui ai expliqué que je disais ça à cause de la chanson. Il a pensé que j'étais folle. Mais quand la chanson suivante a commencé, il a changé d'avis. C'était *Knockin' on Heaven's Door*[3], du groupe Guns N' Roses.

2. N.d.T : Le Paradis n'est pas très loin.

3. N.d.T : Frapper à la porte du Paradis.

> Qui aurait cru possible que deux chansons parlant de paradis se suivent sur une chaîne qui diffuse de la musique hard-rock ? Mes anges savaient comment me rassurer, et nous sommes arrivés à la station-service avec, dans le réservoir, assez d'essence pour rouler encore 10 kilomètres. Mon mari et moi avons tous deux remercié longuement les anges.

Même si Natalie croyait aux anges, elle a demandé à avoir une confirmation pour accepter la réalité de leur présence. Si le fait de recevoir un signe des anges est à prendre au sérieux, il ne faut toutefois pas oublier que ce n'est pas un événement qui n'arrive qu'une fois dans la vie de quelques privilégiés. Les anges sont prêts à prouver et à confirmer leur présence à tous ceux qui leur en font la demande. De plus, il n'est pas nécessaire de faire une demande de façon formelle. Un simple appel à l'aide suffit, ou même juste le fait de *penser* à son besoin de recevoir de l'aide.

Si les anges voient que vous avez besoin de leur guidance parce que vous avez une grande décision à prendre, il arrive souvent qu'ils offrent spontanément leurs services pour s'assurer que vous restiez sur la voie qui est la vôtre. Une femme du nom de Shelly nous raconte une histoire qui montre que les anges voient tout ce qui se passe et que leur aide survient toujours au moment parfait sur le plan divin :

> Chaque fois que mon fiancé me parlait de son travail, je devenais contrariée pour je ne sais quelle raison. Comme je n'arrivais pas à mettre le doigt sur la source de mon malaise, j'ai demandé à Dieu de faire remonter à la surface la chose qui clochait. Peu de temps après, j'ai ressenti le besoin de vérifier les messages sur la boîte vocale du téléphone cellulaire de mon fiancé… et j'y ai entendu un message ambigu laissé par une femme.
>
> Quand j'en ai parlé à mon fiancé, il m'a répondu que c'était une collègue de travail qui avait une attirance pour lui et qu'elle avait obtenu son numéro de téléphone par le travail. Il m'a dit que même s'il lui avait demandé de ne pas l'appeler, elle continuait de lui laisser des messages. Je ne le croyais pas. J'ai donc mis un terme à notre relation et je lui ai redonné sa bague de fiançailles. Nous avons tous deux pleuré.
>
> Le lendemain, j'avais beaucoup de peine et je me sentais mal en repensant à notre relation et au fait que nous voulions avoir

des enfants. Pendant que je parlais à Dieu de mes sentiments, une image mentale m'est venue : nous marchions ensemble sur le même chemin, et moi, je me retournais et partais dans la direction opposée. Je regardais ensuite derrière moi et je voyais mon futur mari qui se retournait et devant lui, au loin, il y avait nos enfants et une magnifique maison. Je pouvais sentir à ce moment précis la présence de nos futurs enfants. J'ai entendu l'un d'eux me dire : « Maman, où allons-nous ? »

Cette vision a adouci mes sentiments envers mon fiancé. J'ai alors allumé la radio, et j'y ai entendu une chanson intitulée *Listen to Your Heart*[4]. Les paroles disaient qu'il fallait écouter son cœur avant de dire adieu. J'ai redemandé à Dieu de me montrer la vérité et de me donner des signes pour m'indiquer ce que je devais faire. Les jours qui ont suivi, j'ai entendu cette même chanson presque tous les jours.

Grâce à cette guidance, mon fiancé et moi sommes revenus ensemble, et j'ai appris que ce qu'il disait au sujet de sa collègue était tout à fait vrai. Aujourd'hui, nous sommes mariés et heureux. Nous sommes

4. N.d.T : Écoute ton cœur.

aussi les parents d'un garçon qui est le plus beau des petits anges. Dieu a comblé mon mari en lui permettant de décrocher un nouvel emploi qui lui rapporte davantage d'argent et de bonheur. Je remercie Dieu et les anges de m'avoir montré ce que j'aurais manqué si j'avais quitté ma voie.

Cette chanson était si importante pour moi que quand mon fils m'a demandé ce que je voulais pour mon anniversaire, je lui ai demandé de m'offrir le CD sur lequel elle se trouvait. Six mois plus tard, il est mort noyé. J'ai compris, peu de temps après son décès, que j'allais désormais penser à lui chaque fois que j'entendrais cette chanson. Je considère que c'est sa façon à lui de me dire bonjour. Et, à coup sûr, chaque fois que je pense à lui ou que je sens que je n'ai pas eu de ses nouvelles depuis longtemps, j'entends la chanson. Il peut arriver que le volume de la radio soit très bas et que, au moment où je décide de le monter, ce soit justement cette chanson qui passe. Je souris alors, car je sens que c'est mon fils qui me parle.

J'ai même entendu cette chanson pendant un atelier de yoga que j'ai suivi

> dernièrement ! J'ai senti que mon fils me disait qu'il était avec moi.

❁ ❁ ❁

Il ne faut jamais oublier que si les corps peuvent mourir, l'énergie qui nous lie à ceux que l'on aime est éternelle, et il est toujours possible de la ressentir si l'on est ouvert à la recevoir. Comme la musique n'est pas un objet physique, elle constitue un pont entre la vie terrestre et l'énergie éthérique du Ciel. Si vous entendez une chanson qui vous fait penser à un être cher décédé, c'est un signe de l'Au-delà, comme l'a découvert Shelly Pitcher :

> Au jour de l'Action de grâces qui a suivi la mort de ma mère, je pouvais sentir la présence de maman pendant le repas familial. Plus tard au cours de la soirée, quand tout le monde est parti et que j'étais en train de replacer la vaisselle dans l'armoire, j'ai entendu de la musique ! J'ai arrêté pour écouter. Je savais que j'avais déjà entendu cette musique, mais je n'arrivais pas à trouver ce que c'était.
>
> Et puis, j'ai compris que ça venait de la petite tasse à thé musicale que j'avais achetée à ma mère pour son anniversaire plusieurs

années auparavant. C'était la chanson *I Just Called to Say I Love You*[5]. J'ai pris la tasse de thé en pleurant et j'ai dit : « Je t'aime aussi, maman. »

Aucun membre de ma famille ne m'a crue quand je leur ai raconté ce qui m'était arrivé. Je leur ai montré que la seule façon de faire jouer la musique, c'était en appuyant sur le bouton situé sous la tasse. Je n'avais jamais frôlé ce bouton, et n'avais certainement pas appuyé dessus !

Depuis ce temps, j'ai eu beaucoup d'autres signes, et tous les jours, je suis reconnaissante de savoir que ma mère sera toujours avec moi ! Je *sais* que tu m'aimes maman !

Ce n'est pas toujours la musique elle-même qui tient le rôle principal. Il arrive ce soit tout simplement la présence d'un groupe ou d'un musicien qui constitue un signe. Dans de tels cas, la musique n'est en général pas vraiment axée sur les paroles. Il s'agit plutôt de pièces originales que les compositeurs interprètent eux-mêmes. Le sens de ces signes n'est pas différent de celui des chansons qu'on entend à la radio, mais il est important de savoir

5. N.d.T : J'ai appelé pour te dire que je t'aime.

que les messages donnés par la musique peuvent prendre différentes formes.

Il arrive aussi qu'on entende une musique céleste désincarnée, qui est parfois appelée « musique des sphères ». C'est une musique qu'on entend habituellement au réveil, quand l'esprit et le cœur sont ouverts et détendus, comme on peut le voir dans l'histoire que nous raconte Karen Anderson :

> Le matin du jour de mon anniversaire, j'ai entendu à mon réveil un chœur de voix célestes qui me chantait *Joyeux anniversaire*. Au départ, j'ai pensé : « Ce sont sans doute mes fils qui chantent en bas », mais en regardant l'horloge, j'ai compris qu'il était beaucoup trop tôt pour que mes fils soient réveillés. Je suis restée couché, surprise et excitée par ce que j'entendais. Et puis je me suis demandé si ces voix n'étaient pas celles de mes anges et de mes parents décédés.
>
> J'ai demandé en silence : *Si c'est réellement une chanson qu'on m'envoie du Ciel, j'aimerais recevoir un signe.*
>
> Je me suis levée et j'ai décidé d'aller chercher le journal du matin pour le lire pendant que tout était calme dans la maison. Quand j'ai ouvert la porte, j'ai trouvé sur le

seuil une rose rouge entourée d'un ruban de satin. J'ai eu un petit rire et je me suis dit que cette fleur devait être mon signe. J'en ai parlé plus tard à mon mari, qui m'a dit que le cadeau ne venait ni de lui ni des garçons. Ainsi, il s'agissait bien d'un signe pour m'annoncer que le Ciel fêtait mon anniversaire avec moi !

Karen a entendu le son de l'Univers et des anges, qui est toujours présent de façon naturelle. Parce qu'elle était endormie, elle a pu entrer en contact avec une autre dimension, dont elle s'est souvenue parce qu'elle était presque réveillée.

En plus d'offrir une connexion avec le Ciel, la musique transmet des messages et des signes très directs. Par exemple, le titre et les paroles d'une chanson qu'on entend souvent offrent une guidance très précise de la part des anges. Il y a quelques années, quand moi (Doreen) je priais pour recevoir de l'aide afin de trouver un titre pour mon livre sur la nourriture et l'appétit, j'entendais souvent la chanson *Constant Craving*[6] de k.d. lang. Après avoir entendu la chanson quatre fois de suite, j'ai suivi le conseil et j'ai intitulé mon livre *Constant Craving*.

---

6. N.d.T : Fringale incessante, même si le terme n'est pas utilisé dans ce sens dans la chanson de k.d. lang.

De la même façon, Irene Felner avait besoin d'aide pour décider si elle devait aller en vacances à Tahiti. Les anges l'ont aidée en lui envoyant des messages musicaux :

> Il y a trois ans, quand j'ai décidé d'aller en croisière à Tahiti avec Doreen Virtue et James Van Praagh, j'étais euphorique, mais en même temps, j'étais un peu nerveuse à l'idée de dépenser autant d'argent. J'ai demandé à recevoir un message qui confirmerait ce que je savais déjà au fond de mon cœur, c'est-à-dire que partir en croisière était la chose à faire.
>
> Le lendemain, comme je descendais de mon train en rentrant du travail, j'ai entendu des tambours. La première chose qui m'est venue à l'esprit, c'étaient des tambours tahitiens. En franchissant le passage souterrain, j'ai vu un joueur de tambour que je n'avais jamais vu là auparavant.
>
> Pendant les jours qui me séparaient de mon départ, le batteur était là au moins un jour sur deux. Après mon retour de voyage (qui a été le plus merveilleux que j'aie jamais fait), quand je suis retournée travailler, le joueur de tambour n'était plus là. Je ne l'ai revu qu'une seule fois, quand je me suis

retrouvée devant un dilemme. J'avais demandé une confirmation, j'avais même précisé que ce serait bien si je revoyais le joueur de tambour. Et voilà, dès le lendemain, il était là... et il n'est plus jamais revenu.

Si ça, ce n'était pas un signe, je me demande bien ce que ça pouvait être !

Vous seriez surpris de savoir combien il y a d'anges qui écoutent vos pensées quand vous envoyez une demande dans l'Univers. Parmi eux, il y a vos êtres chers décédés, qui sont plus que désireux de vous donner des signes et la confirmation de leur présence à vos côtés. La prochaine histoire est une véritable source d'inspiration, car Kathy Johnson nous raconte comment elle a découvert si naturellement qu'il suffit, pour avoir une réponse, de poser une question et d'écouter les signes qu'on nous envoie :

Peu de temps après la mort de ma mère, je rentrais à la maison après être allée faire quelques courses. Je me demandais quelle chanson je pouvais chanter tous les matins à ma mère afin de la garder tout près de mon cœur. Elle avait toujours adoré la musique, elle aimait chanter et trouvait que j'avais une voix magnifique. J'ai donc décidé que la première chose que je devais faire chaque matin, c'était de chanter quelque chose. Mais quoi ? Quelle chanson ?

C'est à ce moment précis que j'ai entendu à la radio *The Mother Song*[7]. En voici quelques paroles, que je paraphrase : « Tu ne me sentiras pas, tu ne m'entendras pas, mais tu ne seras jamais seule. » Ce sont des paroles qu'une mère dit à son enfant avant de mourir — ou peut-être après sa mort. C'était parfait, et cela correspondait à de nombreuses émotions que je ressentais face au départ de ma mère. Je n'avais jamais entendu cette chanson auparavant.

Environ un an plus tard, je venais de lire un livre où il était question de personnes décédées qui nous envoient des messages et qui sont souvent près de nous. J'ai pensé : *Eh bien, maman, ça fait longtemps que je n'ai eu aucun signe de ta part, et j'aimerais bien en recevoir un. Qu'est-ce que tu en penses ?*

Le lendemain matin, j'ai de nouveau entendu la pièce *The Mother Song* à la radio. C'était seulement la deuxième fois que

7. N.d.T : La chanson de la mère.

j'entendais cette chanson. Et je ne l'ai plus entendue depuis.

Les anges ont fait passer cette chanson plus d'une fois pour que Kathy comprenne qu'il s'agissait d'un message de sa mère. Une fois que le message a été accepté, les anges n'avaient pas besoin de le renvoyer encore et encore, mais si jamais Kathy avait de nouveau besoin d'être rassurée quant à l'amour éternel de sa mère, elle entendrait sans aucun doute la même chanson de nouveau.

Les anges sont toujours présents pour s'assurer que tout se passe bien. La vie peut parfois vous faire vivre des situations qui vous font sentir seul ou vulnérable, mais il faut vous rappeler que vous n'êtes jamais seul. Demandez à recevoir de l'aide ou des signes quand vous en ressentez le besoin, comme l'a fait Alison Lintonhi, dans une situation très difficile :

Mon mari, Colin, est mort du cancer quand j'étais enceinte de sept mois de mon quatrième enfant. Avant sa mort, je lui avais dit que j'étais anéantie à l'idée qu'il ne puisse être là pour la naissance de notre bébé, mais il m'a assurée qu'il serait présent.

Une semaine après la date prévue pour la naissance de mon bébé, j'ai eu le sentiment très fort que l'accouchement allait commencer cette nuit-là. J'ai pris une douche, je me suis préparée et j'ai dit : « Bon, Colin, si je dois accoucher cette nuit, tu as intérêt à être là, parce que tu m'en as fait la promesse. »

En sortant de la salle de bain, j'ai entendu la musique d'une berceuse, mais je n'arrivais pas à comprendre d'où elle venait. J'ai fini par en trouver la source : c'était une lampe musicale pour bébé qu'il fallait remonter pour qu'elle puisse fonctionner — mais là, elle s'était mise à jouer d'elle-même ! Elle était rangée dans un placard et n'avait pas été utilisée depuis environ quatre ans.

J'ai compris à cet instant-là que Colin était avec moi et que je n'étais pas seule. Le lendemain matin, j'ai donné naissance à une magnifique petite fille. Pendant toute la durée de l'accouchement, j'entendais la voix de mon mari qui m'encourageait et qui me disait qu'il allait m'aider du mieux qu'il le pouvait. Je sais sans l'ombre d'un doute que Dieu, les anges et Colin m'ont aidée et protégée cette nuit-là… et qu'ils n'ont cessé de le faire depuis.

Peu importe la façon qu'ils utilisent pour vous envoyer leurs signes, les anges choisissent toujours la meilleure manière de vous transmettre leur message, leur amour et leur soutien. La musique contourne nos défenses et ouvrent notre cœur, c'est donc une excellente façon d'envoyer des signes de l'Au-delà. Il peut arriver toutefois que vous ayez besoin de quelque chose de tangible à quoi vous accrocher afin d'être certain que vous êtes aimé et qu'on veille sur vous. Dans ces cas-là, ne soyez pas surpris de trouver une pièce de monnaie « tombée du Ciel », sujet dont nous traiterons dans le prochain chapitre.

Chapitre 4

LES PIÈCES TOMBÉES DU CIEL

Le fonctionnement de l'Univers est mystérieux, et les anges n'y font pas exception. Il arrive que leur imagination donne lieu à des incidents qui ne vous sembleront pas, à première vue, des « signes ». Aussi complexe que soit notre monde, il obéit néanmoins à des modèles structurés. Ce chapitre a pour but de vous familiariser avec l'un deux.

Les pièces de monnaie, ou l'argent sous toutes ses formes, sont souvent utilisées par les anges pour transmettre des messages ou guider les gens. Tous les aspects de ces signes ont un lien avec vous et avec votre voie, comme le moment et l'endroit où vous avez trouvé la pièce, sa valeur, le message qui y est inscrit et le matériau dont elle est faite.

Dans ce chapitre, vous lirez des histoires qui montrent à quel point les pièces de monnaie peuvent avoir des significations diverses et combien diverses peuvent être les situations dans lesquelles on les trouve. La première histoire est celle de Melissa Patterson, qui voulait obtenir une confirmation et qui ne comptait pas s'arrêter tant qu'elle ne l'aurait pas obtenue :

> Un soir de Noël où j'étais seule, je marchais sur mon tapis roulant en lisant un livre sur les anges. Il y était question d'une personne qui trouvait toujours des pièces de 10 sous, et cela disait que c'était un signe de l'Au-delà. C'était écrit que pour recevoir un signe de ses anges, il suffisait de le demander. J'ai donc demandé à mes anges une preuve de leur présence à mes côtés.
>
> Quand j'ai eu terminé de marcher sur mon tapis roulant, j'ai placé le livre sur mon chevalet. Et, ô surprise, il y avait une pièce de 10 sous sur le chevalet !
>
> Des larmes se sont mises à couler sur mes joues. J'ai regardé autour de moi et j'ai dit en silence : *Vous êtes là avec moi ! Vous êtes là !*

Quand les pièces de monnaie ne suffisent plus pour transmettre un message, les anges peuvent avoir recours à d'autres mesures qui sont en lien avec la monnaie. Parfois, quand la vie nous paraît sans espoir et que les « mauvaises » situations semblent se succéder, la dernière chose dont on se sent capable, c'est de ressentir de l'espoir. Dans de telles circonstances, on a besoin d'un signe concret et très clair, comme l'ont appris Amy Broderick et sa sœur Laura :

> Ma sœur Laura et moi étions en vacances en Floride pour mon anniversaire. Cela faisait un certain temps que je l'avais vue, et nous reprenions le temps perdu en discutant de choses importantes à cœur ouvert. Laura se sentait déprimée, alors que nous étions assises sur le bord de la piscine, j'ai senti que le moment était bien choisi pour lui parler des réponses que l'Univers pouvait faire à nos demandes. Je lui ai dit que je jouais à un jeu d'abondance et que je devais chercher de la monnaie. Partout où j'allais, j'en trouvais. C'était très amusant. Je lui ai ensuite précisé que ce n'était pas nécessaire que ce soient des pièces de monnaie, ce pouvait même être des billets. Elle a souri et a

compris ce que je disais, mais je sentais qu'elle ne me croyait pas vraiment.

Un peu plus tard, nous commencions à avoir chaud et nous avons décidé d'entrer dans l'eau. Comme Laura descendait dans la piscine, je l'ai vu se pencher vers son pied. Elle a dit qu'il y avait quelque chose entre ses orteils. À notre plus grande surprise, elle a retiré un billet de 20 $ plié qui était coincé là. Son expression était impayable… mais ça ne s'est pas arrêté là.

Un peu plus tard au cours de la journée, nous étions en train de nous promener sur le terrain du complexe hôtelier, et Laura me racontait comment elle était déprimée de voir le cours que sa vie prenait. J'ai mis mon bras autour de son épaule et je lui ai dit combien je l'aimais. Je lui ai aussi fait savoir combien *Dieu* l'aimait, et qu'elle pourrait traverser toutes les épreuves si elle arrivait à y croire.

À ce moment précis, nous avons remarqué qu'il y avait un avion qui écrivait quelque chose dans le ciel. Ça a piqué ma curiosité, et j'ai dit : « Regardons ce qu'il est en train d'écrire. » Nous avons vu l'avion écrire : « Dieu vous aime. » Encore une fois,

Laura m'a regardée, émerveillée de voir la synchronisation entre les messages.

J'ai simplement souri pour remercier Dieu et les anges de l'amour et de l'aide qu'ils nous offraient !

Que vous ayez besoin d'un signe pour vous ou pour un être cher, les anges sont toujours heureux de vous l'offrir. Il arrive souvent que l'endroit où l'on trouve une pièce de monnaie revête une signification particulière, comme vous pourrez le voir dans l'histoire de Carole Renaud. Le signe des anges a permis à Carole et à son mari de vivre des vacances de rêve :

Pendant un voyage à Las Vegas, mon mari et moi avons décidé de nous offrir un vol à bord d'un petit avion pour voir le Grand Canyon. Et si l'idée de voler dans un tout petit avion au-dessus de la vastitude du Grand Canyon nous effrayait, c'était néanmoins quelque chose que nous désirions réellement faire.

Le matin du jour où nous devions voler au-dessus du Grand Canyon, j'ai demandé aux anges, y compris à l'archange Michaël, de voler avec nous afin que nous soyons en sécurité pendant toute l'excursion. Quand nous sommes montés à bord de l'avion, j'ai trouvé deux pièces de monnaie toutes neuves sur nos sièges !

Quand je les ai vues, j'ai compris que nos anges gardiens étaient à bord avec nous. Cela m'a permis de me détendre et d'apprécier l'excursion. Toute l'expérience, le fait de savoir que les anges étaient avec nous *et* la vue spectaculaire du Grand Canyon, s'est avérée indescriptible.

Encore aujourd'hui, quand je me rappelle mon voyage au Grand Canyon, je repense à ces deux pièces de monnaie et je remercie mes anges de nous avoir accompagnés.

Même si les anges auraient été présents de toute façon, le réconfort et l'assurance que les pièces de monnaie ont offerts au couple en leur apportant une confirmation étaient d'une grande valeur. Les anges conçoivent leurs signes en fonction de chaque personne et de chaque situation. Elizabeth Gustafson nous décrit comment, même dans les moments où l'on se sent le plus déprimé, la trouvaille la plus banale peut constituer en fait un message de joie :

J'ai perdu mon emploi une semaine avant Noël. J'étais en état de choc, étant donné que ça avait eu lieu dans le temps des Fêtes.

J'ai pris toutes mes choses et j'ai marché tristement jusqu'à ma voiture. Quelque chose sur le sol a attiré mon regard — c'était une pièce d'un sou. Je l'ai ramassée et j'ai pensé que cette pièce devait avoir une signification particulière. J'ai découvert ce que c'était une heure plus tard.

J'ai reçu, d'un ami, un message électronique qui m'a donné des frissons à cause de la synchronicité entre ce message et ce que je venais de vivre. L'ami me parlait d'un homme riche qui avait invité un de ses employés et sa femme à passer le week-end avec lui. Ils s'en allaient au restaurant quand la femme de l'employé a vu le patron se pencher pour ramasser une pièce d'un sou sur le trottoir. Elle a trouvé ça étrange, étant donné que l'homme était si riche, mais elle s'est dit qu'il possédait sans doute une collection de pièces de monnaie.

Pendant le repas, la femme n'a pu se retenir de parler de la pièce que l'homme avait ramassée. Il a gloussé et a sorti la pièce de monnaie de sa poche. Tout en regardant sa trouvaille, il a demandé à la femme si elle savait ce qui était écrit sur la pièce. Elle a réfléchi quelques instants et a admis qu'elle ne le savait pas. L'homme lui a dit que c'était : « In God we trust[8]. » Il a expliqué que chaque fois qu'il trouvait une pièce d'un sou par terre, il comprenait que Dieu essayait d'attirer son attention et d'avoir une conversation avec lui.

Quand j'ai lu cette histoire, je n'en revenais pas de la merveilleuse et réconfortante synchronicité que cela représentait en cette journée difficile. Dieu voulait que je sache que si la vie pouvait me sembler cruelle, j'allais bientôt avoir une raison de sourire à nouveau. D'ailleurs, peu de temps après, j'ai décroché le meilleur emploi que j'aie jamais eu, dans le service de comptabilité de la maison d'édition Hay House.

Les pièces tombées du Ciel ne sont pas toujours des pièces de monnaie. La prochaine histoire, racontée par Lisa White, nous montre que les « pièces des anges » peuvent transmettre un

8. N.d.T : En Dieu, nous croyons.

message qui convient parfaitement à une personne qui a besoin de réconfort :

> J'étais en route pour le travail. Je me sentais triste, découragée, seule… j'avais surtout des sentiments négatifs. Je me sentais déconnectée de l'amour du Créateur (et je savais que c'était ma faute).
>
> En sortant de l'allée de ma maison, comme je me dirigeais vers ma boîte aux lettres, j'ai demandé à Dieu de me donner un signe qui me dirait que j'étais aimée. J'étais très émotive et j'avais les larmes aux yeux quand je me suis arrêtée à côté de ma boîte aux lettres. J'ai inspiré à fond, je suis sortie de la voiture et j'ai pris mon courrier.
>
> En me retournant, j'ai regardé par terre. Juste devant ma chaussure, il y avait une pièce d'or. Je savais que c'était spécial, pas à cause de la valeur monétaire, mais plutôt à cause de la valeur personnelle que cette pièce revêtait. Mon cœur s'est mis à battre très fort comme je me penchais pour la ramasser.
>
> Quand j'ai vu ce qui y était écrit, j'ai été ébahie : « Ange gardien, veille sur nous et protège-nous. » Sur l'autre face, il y avait l'image d'un ange à genoux, les mains

> jointes comme pour prier. Je me suis mise à pleurer, car j'ai senti que le Créateur m'aimait et me protégeait. Cette pièce est restée chère à mon cœur, et chaque fois que je me sens déprimée, je la prends et je sens l'amour que Dieu me porte.

Ce qui est arrivé à Lisa va finir, au bout du compte, par améliorer sa vie parce qu'elle ne doute plus de la présence de ces gardiens qui l'aiment : les anges.

Une des leçons les plus importantes qu'on puisse retenir concernant la communication avec les anges et Dieu, c'est qu'il n'existe pas de problème qui soit trop petit ni de demande qui soit insignifiante. Certaines personnes pensent que si elles demandent de l'aide au Ciel pour quelque chose de « petit », elles prennent du temps qui pourrait servir à des questions plus importantes dans le monde. Et pourtant, aucune tâche n'est trop futile et aucune demande n'est considérée comme sans importance par Dieu et les anges.

L'histoire de Jessica Nielsen illustre bien comment la seule chose qui puisse empêcher quelqu'un de recevoir de l'aide, c'est sa réticence à en faire la demande :

J'ai recommencé à parler à Dieu dernièrement, après une longue période d'indifférence. J'en étais encore à me défaire de mon éducation religieuse, qui m'avait appris à avoir honte de moi et aussi que Dieu ne pouvait pas m'aider pour les petites choses de la vie, mais seulement pour les grandes. Pour me défaire de ces enseignements que j'avais reçus très jeune, je parlais beaucoup avec le Créateur, car je me disais que ce devait être la meilleure façon de développer une relation avec Lui.

Un jour, à l'université, je suis allée vers les distributeurs automatiques parce que j'avais très soif. Il me manquait 5 sous pour m'acheter quelque chose à boire. J'avais de l'argent, mais les distributeurs n'acceptaient pas les billets d'un dollar. J'ai demandé tout haut : « Allez, Dieu, il me manque juste 5 sous ! »

J'ai entendu un *ding* et j'ai regardé à mes pieds. Il y avait une pièce de 10 sous qui brillait ! J'ai regardé autour de moi, mais je n'arrivais pas à voir d'où elle pouvait venir, et elle n'était sûrement pas tombée de mon portefeuille, car je l'avais inspecté minutieusement. J'ai ramassé la pièce — en tremblant légèrement — et j'ai dit : « Merci. »

> Je pense que Dieu essayait de me faire comprendre qu'il était toujours là, même pour les petites choses. Et il m'est même resté de la monnaie après avoir utilisé les 10 sous !

La vie nous sert des leçons qui nous apportent de la sagesse, et il semble que plus on vieillit, moins on a peur de reconnaître les messages de l'Au-delà. Dans l'histoire d'Anna Robilotto, son père a travaillé en collaboration avec les anges pour s'assurer que tout le monde sache que la mort n'allait pas l'empêcher d'aimer ses filles :

> Avant que mon père ne meurt, il a pu passer du temps avec chacun de ses cinq enfants. Ma sœur lui a dit qu'elle et ses filles économisaient pour pouvoir s'offrir un voyage en Italie. Papa a répondu : « Prenez soins de vos pièces de 10 sous, et les dollars prendront soin d'eux-mêmes[9]. »
>
> Au moment où nous étions en train de monter en voiture pour suivre le cortège funèbre de mon père, la fille de ma sœur a mis la main dans la poche de sa veste… et en a retiré une pièce de 10 sous ! Elle nous a dit d'un air ravi : « Regardez ! Une pièce de

9. N.d.T : En d'autres mots : « Il n'y a pas de petites économies ».

10 sous ! C'est sûrement un cadeau de grand-papa ! »

Avant la fin de la journée, presque tout le monde avait trouvé une pièce de 10 sous dans une de ses poches.

Une autre fois, lorsque j'ai éprouvé des problèmes de santé, j'ai demandé à recevoir un signe qui me dirait que tout allait bien se passer. En me levant, quelque chose est tombé de mes cuisses. Quand j'ai regardé vers le sol, quelle n'a pas été ma surprise de voir qu'il s'agissait d'une pièce de 10 sous !

Je sais que mon père veille sur moi et ma famille.

La prochaine fois que vous trouverez une pièce de monnaie sur le sol, n'oubliez pas qu'elle a été placée intentionnellement sur votre chemin. Les anges savent que nous aimons recevoir des cadeaux et qu'en recevant une pièce de monnaie, nous nous sentons soutenus, sur les plans financier, émotif, spirituel et physique. Les pièces de monnaie nous rappellent que tout ce qui est bon existe dans une infinie abondance dans l'Univers.

Dans le prochain chapitre, nous parlerons d'un signe bien connu qui, comme les pièces de monnaie, peut faire sourire tout le monde.

Chapitre 5

SUIVRE L'ARC-EN-CIEL

Depuis l'époque de l'arche de Noé, les arcs-en-ciel sont la représentation symbolique de la promesse d'amour, d'aide et de protection faite par Dieu. Étant donné que le royaume angélique est constitué d'amour et d'énergie de lumière, il n'est pas surprenant que le Ciel choisisse ce signe d'une beauté stupéfiante qu'est l'arc-en-ciel.

Un arc-en-ciel peut apparaître dans le ciel, être reflété par un cristal, se dessiner dans une flaque ou être présent sur des photos et des peintures. Si, après avoir demandé aux anges de vous donner un signe, vous apercevez un arc-en-ciel, cela signifie qu'ils se chargent de la situation que vous vivez. Ce signe vous demande de lâcher prise afin que les anges aient la liberté d'organiser les choses de la bonne façon.

Si vous ressentez le besoin de recevoir une preuve supplémentaire ou une confirmation, les anges seront plus qu'heureux de vous offrir des signes additionnels, comme c'est arrivé à Silvia T. :

> J'étais à un tournant de ma vie et je ne savais pas quelle direction choisir. Un jour, dans ma voiture, j'ai demandé à mes anges de me montrer un arc-en-ciel pour m'aider à décider quoi faire maintenant.
>
> À peine quelques secondes plus tard, j'ai vu un grand panneau sur le bord de la route où c'était écrit : LES CRÈMES GLACÉES ARC-EN-CIEL. J'étais contente, mais je me demandais encore si ce n'était pas qu'une simple coïncidence. J'ai demandé à mes anges de me montrer un autre arc-en-ciel.
>
> Comme je rentrais à la maison à pied, plus tard cette journée-là, j'ai vu l'image nette d'un arc-en-ciel dans une flaque d'huile. Pendant toute la journée, j'ai continué à demander de voir des arcs-en-ciel, parce que j'avais besoin d'être absolument

certaine avant de prendre une grande décision dans ma vie.

Quand je suis rentrée chez moi, ma fille Taylor m'a fait, de manière tout à fait spontanée, un dessin d'arc-en-ciel. C'était le troisième signe de la journée ! J'ai remercié en silence mes anges, car ils m'avaient aidée à lâcher prise et m'avaient redonné confiance.

Par chance, Silvia avait l'esprit assez ouvert pour voir qu'un signe pouvait prendre différentes formes, comme l'illustre son récit. Dans la prochaine histoire, Stephanie Black nous raconte comment un arc-en-ciel, apparu au bon moment, a été le miracle apaisant dont elle avait besoin :

Quand je vivais encore avec mes parents, il y avait beaucoup de conflits à la maison, et même parfois de la violence.

J'ai demandé aux archanges Michaël et Raphaël d'intervenir pour moi parce que je n'en pouvais plus de ces disputes familiales. Cet après-midi-là, j'étais en train de nourrir les chevaux de ma mère dans notre enclos quand j'ai vu apparaître, à travers la brume, un très bel arc-en-ciel blanc (un arc de lumière blanche que l'on aperçoit parfois par temps brumeux).

J'étais éberluée ! Je venais juste de lire un article sur les arcs-en-ciel blancs. Je me suis dépêchée pour le montrer à ma mère, mais elle n'a pas paru m'entendre, et l'arc-en-ciel s'est dissipé. C'était sans doute un message qui n'était destiné qu'à moi. Plus tard, quand je suis rentrée dans la maison, je suis allée dans ma chambre pour pouvoir être en paix, dans le calme, loin des conflits. Cela faisait à peine une minute que j'y étais entrée que mes parents (qui se parlaient à peine depuis une semaine) sont entrés dans la pièce main dans la main pour m'annoncer que nous allions tous travailler ensemble pour régler la situation.

Je pensais que c'était une blague. J'ai alors entendu les anges chuchoter à mon oreille pour me rappeler ma prière à Michaël et à Raphaël, et aussi l'arc-en-ciel blanc.

Les problèmes de ma famille ne se sont pas tous réglés à ce moment-là, mais la vie a quand même été plus facile pendant presque un an après cet épisode. Pas de doute possible, c'était un miracle, et je ne l'oublierai jamais !

Les arcs-en-ciel blancs, les arcs-en-ciel doubles et les arcs-en-ciel lunaires (arcs-en-ciel qui apparaissent la nuit sous la lumière de la lune) sont des phénomènes si peu communs qu'il n'est pas possible de douter de leur signification. Quand trois arcs-en-ciel sont apparus en même temps, Tracy Jones les a évidemment remarqués et elle a ressenti un réconfort dont elle avait grandement besoin :

> Quand j'étais enceinte de mon troisième enfant, tous les tests qu'on me faisait passer donnaient des résultats alarmants. On m'a donc envoyée rencontrer un spécialiste qui m'a dit que ma petite fille était possiblement atteinte du syndrome de Down. Pendant que j'étais à la clinique avec ma mère, le médecin m'a fortement recommandé de passer un autre test. Ce test pouvait causer une fausse-couche dans un cas sur cinquante. J'ai refusé de le passer parce que je ne voulais pas faire de mal à mon bébé. Je savais que j'allais aimer cet enfant et en prendre soin quoi qu'il arrive, alors je ne voulais pas courir le risque.
>
> J'étais néanmoins très stressée. Je n'arrivais pas à avoir les idées claires, et mon cœur et mes pensées allaient à une vitesse folle. Sur le chemin du retour vers la maison, après ma rencontre avec le docteur, ma mère m'a demandé de ralentir. J'ai regardé le

compteur et j'ai vu que je roulais 140 km à l'heure, ce dont je ne m'étais pas rendu compte. Je me suis alors mise à pleurer et je me suis demandé comment j'allais faire pour prendre soin de cet enfant avec deux autres jeunes enfants et une carrière à temps plein.

Soudain, j'ai ressenti une grande paix à l'intérieur de moi. J'ai levé la tête et j'ai vu trois arcs-en-ciel complets, qui s'étendaient dans tout le ciel. Ma mère et moi étions émerveillées. Cela nous semblait impossible étant donné qu'il n'y avait pas eu de pluie. Nous n'avions jamais vu de toute notre vie un ciel entièrement couvert d'arcs-en-ciel, et encore moins, par une journée sans nuages.

Pendant que nous passions sous ces arcs-en-ciel, nous nous sommes senties en paix, car nous savions que c'était Dieu qui décidait et qu'il fallait lui faire confiance. Encore aujourd'hui, je crois que les anges étaient avec nous, cette journée-là, et qu'un être supérieur a alors pris les choses en main.

Des mois plus tard, je suis sortie de l'hôpital avec un bébé parfait. Elle n'avait absolument aucun problème de santé. Les médecins et les membres de ma famille élargie étaient visiblement soulagés. Ma mère et moi le savions déjà, parce que Dieu et les anges nous avaient donné un signe très clair avec les arcs-en-ciel !

Les anges n'ont-ils pas trouvé une manière vraiment réconfortante de rassurer Tracy ? Ils savaient que ce serait mieux pour la santé de la mère et celle du bébé que Tracy soit calme et heureuse pendant sa grossesse. Le miracle qui en a résulté est un excellent exemple de la façon dont Dieu et les anges nous témoignent leur amour.

Le moment auquel apparaissent les arcs-en-ciel est un des aspects les plus remarquables de leur présence. Moi (Charles), je n'ai jamais rencontré quelqu'un qui aurait demandé à recevoir un signe, qui aurait ensuite vu un arc-en-ciel et qui serait resté avec un doute. Il n'est même pas nécessaire qu'il y ait de la pluie pour qu'un arc-en-ciel apparaisse. Quand les anges veulent vous montrer un arc-en-ciel, il apparaîtra et vous serez guidé vers lui, comme nous le raconte Lisa J. Wood dans son récit :

Je tentais péniblement de sortir d'une relation destructrice parce que, même si je savais que mon conjoint ne m'apportait que des choses négatives, je l'aimais quand même. Même si j'avais réussi à le quitter, je me sentais encore déchirée.

Un jour, j'ai décidé d'effacer sa photo de mon téléphone cellulaire pour symboliser le fait que je me détachais de cette relation. Quelques minutes après l'avoir fait, je me suis sentie attirée vers une fenêtre. J'ai regardé dehors et j'ai vu un arc-en-ciel aux couleurs vives qui formait un arc parfait, et ce, même s'il n'y avait pas eu de pluie !

J'ai senti que c'était un signe qui me confirmait que j'avais bien fait de mettre fin à cette relation. J'ai ressenti un grand soulagement et une paix intérieure.

Les arcs-en-ciel ne sont pas seulement des signes, mais aussi des cadeaux offerts par l'Au-delà en signe d'encouragement et pour nous guider. Il peut arriver que nous recevions de tels signes, même si nous savons déjà que nous sommes sur la bonne voie et qu'ils sont là pour nous apporter toute la joie et la beauté dont ils sont eux-mêmes constitués. La très belle histoire de Kathy Shogren nous montre comment nos êtres chers décédés peuvent nous envoyer de magnifiques signes pour nous rappeler qu'ils sont avec nous et qu'ils appuient nos choix :

Rosebud, ma chienne airedale bien-aimée, est décédée dans mes bras après une longue maladie. Après sa mort, je communiquais avec elle au Ciel. Rosebud savait combien elle me manquait et combien j'avais besoin d'avoir un chien dans ma vie. Je lui ai demandé de me choisir un nouveau chien.

Peu de temps après, j'ai eu envie d'aller consulter un site Web sur les airedale où l'on présentait des chiens abandonnés qui avaient besoin d'un foyer. Je ne consultais pas ce site avec l'idée de me trouver immédiatement un nouveau chien. Quelque chose m'avait simplement poussée à regarder le site.

Quand j'ai vu la photo de Jake et Molly, deux chiens qui avaient été recueillis, j'ai senti d'une certaine façon que Rosebud avait choisi ces chiens pour moi. Jake et Molly n'étaient pas des pures races, il pouvait donc être difficile de leur trouver un foyer. Mais ils avaient besoin de nous et nous avions besoin d'eux, étant donné que Randy, mon mari, et moi étions éplorés depuis la mort de Rosebud.

Nous avons donc pris les dispositions nécessaires pour adopter Jake et Molly. Le jour où nous sommes allés chercher les

> chiens, Randy est entré dans la pièce les larmes aux yeux. Il a dit qu'il avait du mal à y croire, mais qu'il y avait deux magnifiques arcs-en-ciel dans le ciel ! Alors que lui était stupéfait, moi j'ai à peine souri et j'ai dit d'un ton détaché : « C'est parce que Rosebud a prévu deux arcs-en-ciel, l'un pour Jake et l'autre pour Molly. »
>
> Je savais que c'était sa façon de nous dire qu'elle était bien et heureuse au Ciel et qu'elle nous offrait ainsi sa bénédiction pour que nous puissions donner notre amour et un beau foyer aux chiens qu'elle avait choisis pour nous. Cette année, nous célébrons le sixième anniversaire de l'arrivée de nos chiots, qui sont, eux aussi, de merveilleuses créatures angéliques.

Ce double arc-en-ciel a été d'un grand réconfort pour Kathy. Si votre cœur est plein de chagrin, vous pouvez demander aux anges de vous envoyer un signe de la part de l'être qui vous est cher au Ciel. Ils sauront choisir le signe parfait pour transmettre l'amour éternel de votre ami ou de votre proche. Ce signe peut parfois aussi prendre la forme d'une voix, comme nous le verrons dans le chapitre suivant.

Chapitre 6

LES VOIX CÉLESTES

Comme on a pu le voir dans les chapitres précédents, quand on reçoit un signe, généralement, on peut en déceler le sens. On connaît ou on pressent sa signification en fonction des questions qu'on a posées ou des problèmes qu'on vit. Il arrive toutefois (dans une situation urgente, par exemple) que les anges choisissent de communiquer avec nous d'une manière très évidente de façon à ce qu'aucun malentendu ni aucune ambigüité ne soient possibles.

Quand il y a une réelle urgence ou que quelqu'un est dans une situation de grand stress, les anges, pour être certains de bien se faire entendre, doivent utiliser la communication verbale directe. Et quand les anges parlent, il ne peut y avoir aucun doute quant au sens de leur message, et il faut absolument les écouter.

On peut « entendre » de différentes façons. La plus évidente, c'est quand on discerne clairement une voix ou un message, comme s'il y avait réellement une personne en train de parler. On peut aussi entendre à l'intérieur de soi, comme si le message était transmis directement à notre esprit. On peut alors avoir l'impression que les mots ont été prononcés à voix haute, ou encore, qu'ils viennent de l'intérieur.

On a souvent prétendu que le fait d'entendre des voix était un signe de démence, mais comme vous pourrez le découvrir dans ce chapitre, écouter les paroles des anges est souvent la chose la plus saine qu'on puisse faire. Nos gardiens célestes nous parlent continuellement. Souvent, ils le font dans une sorte de chuchotement, et nous ressentons alors ce qu'ils disent davantage que nous ne l'entendons. Il peut arriver toutefois, dans des moments difficiles, qu'ils nous parlent très clairement… et leur voix nous donne alors des signes et des conseils sur ce que nous devons faire.

Quand Linda Pullano a eu une hémorragie interne à la suite d'une chirurgie, ses anges étaient à ses côtés pour l'aider vocalement et physiquement :

> Après mon hystérectomie, je suis restée quelque temps, comme prévu, dans la salle de réveil et j'ai ensuite été transportée dans une chambre privée. Je ne sais pas depuis combien de temps j'étais là, quand j'ai soudain senti une grosse explosion dans mon ventre. Je ressentais une douleur atroce, ce qui ne m'est pas habituel, car j'ai un seuil élevé de tolérance à la douleur. Je savais donc qu'il y avait quelque chose qui n'allait vraiment pas.
>
> Je me suis mise à réciter le Notre Père avec un profond respect et en y mettant beaucoup d'imploration. Instantanément, une lumière vive est apparue tout autour de mon corps. J'ai eu l'impression d'être dans une bulle de protection, d'amour, de guérison et de calme. Je ne ressentais plus aucune douleur !
>
> J'étais très impressionnée et je ressentais une grande félicité et de la paix. J'ai compris que c'était Dieu. J'ai su alors que j'étais aimée et considérée. J'ai ensuite entendu une voix dire : « Vous ressentez les prières. »

La voix a répété cinq fois ces mots avant que je réponde. Je savais que c'était un ange qui me parlait. J'ai répondu à cette présence céleste : « J'ai toujours su que les prières fonctionnaient, mais je ne savais pas qu'on pouvait les *sentir.* » Puis, comme dans une grande finale, la voix a encore répété la même phrase d'un ton commandant et avec révérence. Je me suis sentie si reconnaissante, remplie d'humilité et aimée à ce moment précis, que je ne pourrai jamais, au grand jamais, oublier ça.

Les anges m'ont alors annoncé que je pouvais me guérir. Le plus étrange, c'est qu'à ce moment-là — entourée de lumière divine — je savais que l'ange avait raison, que je *pouvais* le faire. On m'a alors dit de faire entrer la lumière par ma tête et de la diriger vers mon ventre. J'ai fait comme on me disait de faire.

Pendant que je faisais entrer la lumière par ma tête et que je la dirigeais vers mon ventre, j'ai été témoin d'une véritable guérison. Je ne savais pas alors que j'étais en train de guérir, mais je savais qu'il était en train de se passer quelque chose de divin. J'ai tout vu. Pendant que le rayonnement traversait mon corps, on aurait dit une lumière très forte qui aurait été allumée dans une salle de théâtre auparavant plongée dans l'obscurité. La colonne de lumière est descendue, et je pouvais voir à la fois cette grosse tour et les particules filamentaires qui la composaient. Elle entrait par ma tête et se déversait dans mon ventre où elle se transformait en milliards de particules de lumière divine.

Je sais que cela peut paraître étrange, mais les particules de lumière avaient une bouche (comme si c'étaient de petits Pac-Man), et elles se sont mises à mâcher quelque chose dans mon ventre. (Je n'ai su que plus tard que c'était du sang qu'elles étaient en train d'aspirer.) Elles étaient toutes douées d'intelligence, et chacune avait sa mission. La grande tour de lumière était elle aussi intelligente.

La colonne de lumière a traversé ma tête à grande vitesse et avec une grande force. Cela a fait tant de bruit que j'ai dû me couvrir les oreilles. C'était fabuleux. Pendant que tout ça se déroulait, je ne cessais de prier.

Quand tout s'est terminé, j'ai vu que le docteur était assis à mes côtés et qu'il avait l'air effrayé. Il a crié : « Nous avons une hémorragie ! »

Pendant que l'infirmière m'installait un soluté, le médecin m'a expliqué qu'il fallait me faire une transfusion de toute urgence. Je lui ai dit qu'il n'aurait plus besoin de m'opérer. Il m'a expliqué que lorsque mon volume sanguin serait rétabli après la transfusion, il allait falloir me réopérer pour stopper l'hémorragie interne.

Je lui ai répété qu'il ne serait pas nécessaire de me réopérer et je lui ai confié que j'avais été guérie de manière miraculeuse. Je lui ai aussi expliqué que, comme j'étais chanteuse professionnelle, je ne pouvais me faire trancher le ventre.

Le docteur m'a répondu qu'il n'avait pas le choix. Je lui ai dit que s'il me coupait, je ne pourrais plus chanter. Je voyais bien qu'il pensait que s'il ne m'opérait pas, j'allais mourir, ce qui allait mettre un terme *définitif* à ma carrière de chanteuse. Mais je savais au plus profond de moi que j'étais guérie. Il était clair pour moi que j'avais vécu le plus extraordinaire des miracles.

Le médecin m'a tapoté le bras et m'a dit qu'il allait me revoir à 7 heures du matin dans la salle d'opération.

Le lendemain matin, le médecin est venu me voir et m'a avoué que le corps humain était une machine miraculeuse. Il ne savait comment, mais mon corps avait stoppé lui-même l'hémorragie ! Je lui ai répondu que je le savais déjà.

Non seulement j'étais aux anges, mais ce miracle constituait à mes yeux une intervention divine qui allait aider mon cheminement spirituel.

Les anges ont sauvé la vie de Linda, et leurs messages l'ont confirmé de façon très claire. Il arrive parfois que le Ciel nous transmet juste assez d'information pour que nous puissions décider nous-mêmes ce qu'il faut faire. C'est ce qui est arrivé à Atherton Drenth. Elle recevait régulièrement des messages sous forme de scarabées, mais il lui a fallu entendre une voix angélique pour bien comprendre leur signification et trouver sa vraie demeure :

Il y a dix ans, j'ai fait un rêve dans lequel je trouvais, à mon réveil, une grosse plaie sur ma joue droite. Je l'ouvrais, et un immense scarabée en nacre s'échappait alors de mon visage. Ça m'avait tellement bouleversée que je m'étais assise d'un coup, le souffle coupé et complètement réveillée. Ce rêve m'avait vraiment secouée, et j'ai passé les 18 mois qui ont suivi à y penser tous les jours et à me demander ce qu'il pouvait signifier.

J'ai demandé à beaucoup de gens ce qu'ils en pensaient, et ils m'ont tous répondu la même chose : « Qu'est-ce que le rêve signifie pour *toi* ? » C'était très frustrant et ce n'était pas ce que je souhaitais entendre !

Un jour, mon mari et moi avons décidé d'aller à Toronto avec les enfants pour voir des artéfacts égyptiens dans un musée. Nous déambulions dans le musée tout en regardant les objets exposés et nous sommes arrivés à un endroit où se trouvait une maquette de pyramide. À la base de la pyramide, il y avait de nombreux scarabées et une pancarte où c'était écrit : « Les scarabées étaient offerts aux initiés pour signifier leur éveil au voyage mystique. »

Quelque temps plus tard, je cherchais une maison à acheter. Même si je travaillais fort pour en trouver une, je n'y arrivais pas.

Un jour, je suis tombée sur une amie qui m'a demandé si j'avais enfin trouvé une maison. J'ai soupiré et je lui ai répondu que j'abandonnais, car j'en avais assez de chercher.

C'est alors que tout s'est mis à changer et que les portes ont commencé à s'ouvrir devant moi ! Cinq minutes plus tard, comme je passais en voiture dans une rue, j'ai vu une pancarte À VENDRE et j'ai entendu une petite voix qui disait : « C'est la bonne maison. » J'ai freiné brusquement, j'ai stationné l'auto et sorti mon téléphone cellulaire pour appeler mon agent immobilier. C'était un homme très occupé qui n'était jamais à son bureau, alors vous imaginez ma surprise quand il a répondu au téléphone ! Je lui ai dit que je voulais visiter cette maison, et il a réussi à m'avoir un rendez-vous pour le soir même.

Au moment même où mon mari et moi sommes entrés dans la maison, j'ai su que c'était la bonne. Mais le prix me faisait peur. Tout en visitant le deuxième étage de la maison, j'ai invoqué l'archange Michaël, lui disant : « Si je dois réellement acheter cette maison, il me faut un signe tangible de ta part. Je veux avoir quelque chose dans les mains – une chose à laquelle je pourrai m'accrocher, que je pourrai garder et qui me permettra d'être certaine que cette maison et cette vision sont réelles, et que nous serons guidés dans toute cette affaire. »

> J'ai entendu alors une voix humaine qui disait : « Regarde dans le coin. » Je me suis retournée et j'ai vu, sur le sol, une broche en forme de scarabée. Dès lors, j'étais certaine. Deux heures plus tard, notre offre d'achat était acceptée ! Tous les jours, je suis heureuse et honorée de vivre dans cette maison.

Les scarabées étaient des repères sur le chemin qui menait vers la maison de rêve d'Atherton. Une fois qu'elle a compris qu'ils signifiaient qu'elle était sur la bonne voie, elle était plus susceptible de remarquer les différentes façons qu'ils avaient de lui apparaître. Chaque signe, chaque symbole possède un sens personnel, mais si vous n'arrivez pas à déchiffrer ceux qu'on vous envoie, n'oubliez pas de demander à vos anges qu'ils vous aident à comprendre. Julie Annette Bennett a, quant à elle, découvert qu'il est important d'écouter les signes qu'on reçoit afin de s'éviter des dangers :

> À l'âge de 24 ans, j'étais célibataire et ma vie consistait à travailler du lundi au vendredi et à sortir les vendredis et samedis soir. En compagnie de mes amis, je passais toutes les nuits du week-end à boire et à

danser. Notre boîte préférée était le Red Onion, à Woodland Hills, en Californie.

Un vendredi matin, je me suis réveillée comme d'habitude à 6 heures. Je n'avais pas assez dormi et j'étais encore engourdie de sommeil. J'ai branché la cafetière et je suis allée sous la douche, tout en pensant à la soirée qui m'attendait. Je pouvais déjà sentir le rythme de la musique pendant que je faisais semblant de danser avec un homme du bureau qui était déjà pris. J'ai entendu soudain une voix à l'intérieure de moi qui disait : *Ne sors pas ce soir !*

Et pourquoi pas ? ai-je pensé aussitôt.

N'y va pas ce soir, c'est tout, a semblé répondre la voix dans ma tête.

Tout en me préparant pour le travail, j'ai choisi les vêtements que je voulais porter ce soir-là. J'ai entendu une autre fois la voix dire : *N'y va pas ce soir !* Vaguement agacée par ce message insistant, j'ai décidé de prendre quand même mes vêtements de soirée, au cas où je choisirais de sortir après le travail. La voix a continué de répéter son avertissement toute la journée, mais comme j'étais jeune et têtue, je l'ai ignorée, car j'étais bien déterminée à aller danser.

À 17 heures j'ai quitté le bureau pour me rendre au Red Onion, même si la voix continuait ses avertissements pendant que je me dirigeais vers Woodland Hills. Vêtue de manière à attirer tous les regards, avec ma chemise en dentelles et ma jupe courte, je suis entrée dans la boîte de nuit. Mon amie Pat m'attendait, assise à une table. Nous avons commandé à boire. Pat et moi nous sommes levées pour aller aux toilettes, laissant la table aux bons soins de Ken, un de nos collègues. Nous savions qu'il n'y aurait bientôt même plus de place debout, et encore moins de place assise.

Dans l'intimité de la toilette, j'ai senti la peur envahir tout mon corps. J'ai prié en silence *S'il vous plaît, cher Dieu qui êtes au Ciel, peu importe ce qu'il arrivera ce soir, faites que je ne meure pas*. Je me suis sentie mieux, et je suis revenue avec Pat à la table où Ken nous attendait. À un moment, la peur est revenue, et j'ai dit à mes amis que je ne savais pas pourquoi, mais que je sentais que quelque chose de terrible allait se passer. Ils m'ont regardée comme si j'étais devenue folle, et je me suis demandé, *moi* aussi, si ce n'était pas le cas.

Quelques minutes plus tard, un bel homme m'a invitée à danser. J'ai demandé à Pat de surveiller mon sac pendant que je dansais. En revenant à la table, j'ai cherché mon sac. J'ai demandé à Pat si elle l'avait placé ailleurs, et c'est alors que j'ai compris pourquoi la voix m'avait lancé des avertissements toute la journée : mon sac, avec mes clés, mon permis de conduire et mes cartes de crédit, était disparu !

Comme je n'avais plus mes clés, c'est mon ami John qui m'a ramenée chez moi. J'étais horrifiée quand j'ai vu que la porte de ma maison était déverrouillée, et ça a été pire encore quand nous sommes entrés...toutes mes choses étaient éparpillées un peu partout sur le sol. La personne qui avait volé mon sac avait pu entrer avec ma clé étant donné que mon adresse était écrite sur mon permis de conduire.

Même si, quand je repense à cet incident, je me demande pourquoi je n'ai pas écouté les avertissements qu'on m'a faits, je suis heureuse que cela m'ait permis de rencontrer mes anges. Et *maintenant*, j'écoute !

Une fois que vous aurez pris l'habitude d'écouter leur voix, vous serez impressionné et vous vous sentirez choyé de voir que les anges sont prêts à vous prouver un nombre incalculable de fois qu'ils sont à vos côtés et qu'ils vous soutiennent. Permettez au savoir et à la sagesse de leurs messages de vous redonner du pouvoir. L'histoire de Judy Balcomb-Richey nous montre que, dans certains cas, c'est une question de vie ou de mort :

> Un jour, je suis rentrée chez moi pendant ma pause du midi. Le complexe résidentiel où j'habitais était désert, car la plupart des gens étaient au travail. Ce complexe était constitué de quatre immeubles comprenant chacun quatre appartements : deux à l'étage et deux au rez-de-chaussée. J'habitais un des appartements à l'étage.
>
> J'ai préparé mon repas et je me suis assise sur le sofa pour écouter la télé tout en mangeant. J'ai entendu la porte de l'immeuble grincer en s'ouvrant et des bruits de pas dans l'escalier. J'ai pensé que Susan, ma voisine d'en bas, était sans doute revenue chez elle pendant sa pause et qu'elle avait vu ma voiture. C'était une vieille amie, et il arrivait qu'elle monte me voir quand nous mangions toutes les deux à la maison. Comme je m'y attendais, j'ai entendu frapper à la porte. Je me suis levée pour lui ouvrir.

J'ai alors entendu une voix me dire très nettement à l'oreille droite : *N'ouvre pas la porte !* Je n'avais jamais vécu une telle expérience. La voix était si convaincante que je me suis approchée de la porte pour demander qui était là.

Une voix masculine a répondu que c'était la compagnie de téléphone. J'étais en état d'alerte et j'ai demandé s'il y avait un problème. L'homme a un peu bégayé en répondant qu'il voulait juste m'informer qu'on allait faire des travaux dans le quartier et qu'on risquait de couper la ligne téléphonique.

Je l'ai remercié, puis je l'ai entendu redescendre les escaliers. Il n'avait frappé à aucune autre porte ; il s'était rendu directement à ma porte. J'ai pensé ensuite qu'il avait pu voir dans quel appartement j'étais entrée par la fenêtre située en haut des escaliers. J'ai regardé pour voir s'il y avait un camion de service près de l'immeuble, mais il n'y en avait pas.

Une fois revenue au travail, j'ai appelé la compagnie de téléphone pour demander si c'était habituel qu'un technicien aille de porte en porte avertir les gens d'une interruption de service. Je me suis rappelé plus tard qu'une semaine avant cet incident, une jeune femme médecin était disparue de son appartement. Sa porte était ouverte, et on n'avait plus jamais eu de signes d'elle. Je n'y pensais pas vraiment à l'époque, mais elle habitait en fait à moins de trois kilomètres de chez moi. Il n'y avait peut-être pas de lien avec mon histoire, je suis néanmoins certaine que les voix des anges m'ont permis de ne pas me faire attaquer… et m'ont peut-être même sauvé la vie.

Les anges ne sont pas seulement là pour nous protéger, mais aussi pour nous rassurer. Quand on doit prendre des décisions importantes, il arrive qu'on se sente seul et vulnérable. On peut même regretter les choix qu'on a faits — il est si facile d'oublier pourquoi on a pris certaines décisions radicales.

Si vous avez de la difficulté à prendre une décision, pensez à vous ouvrir aux messages que les anges ont à vous transmettre. Soyez fort — sachez que vous êtes aimé, que vous n'êtes jamais seul et que si vous avez assez confiance pour écouter, vous serez toujours guidé sur votre vraie voie, comme l'a compris Diana Sanders :

J'ai pris la difficile décision de quitter mon mari. Mes filles, qui étaient toutes deux à l'âge d'aller à l'université, n'étaient pas heureuses de mon choix, même si elles savaient que ça allait très mal entre mon mari et moi. Ma plus jeune fille ne voulait plus me voir ni me parler.

J'ai demandé aux anges de m'aider, mais ma relation avec mes filles a continué à s'envenimer. J'étais anéantie. Je ne voulais pas perdre contact avec elles et j'ai commencé à douter de mon choix et à envisager l'idée de revenir à la maison. Ma voix intérieure continuait toutefois à me dire : *Sois patiente, tout va bien se passer.*

Un jour, comme je pleurais en route vers mon travail en pensant aux difficultés que je vivais avec mes filles, j'ai entendu très nettement une voix qui me disait : « Tout va bien. Je suis Gabriel. »

J'étais étonnée. Ce n'était pas une voix intérieure, mais une voix forte, audible, qui me criait à l'oreille ! Je me suis demandé ce qui s'était passé et j'ai pensé que je devais être en train de devenir folle. *Gabriel* ? Ce ne pouvait être *lui* que j'avais entendu. Mais la voix a répété : « Je suis Gabriel. » J'ai remis en question mon équilibre mental. Et là, j'ai non seulement entendu « Je suis Gabriel » pour une troisième fois, mais j'ai vu, au même moment, passer un camion sur lequel il était écrit *Les aménagements paysagers de Gabriel*.

À ce moment-là, j'ai compris que tout allait s'arranger avec mes enfants et je n'ai plus jamais douté de ma décision. Effectivement, quelques jours après cet incident, mes filles et moi étions réconciliées. Nous avons encore vécu d'autres moments difficiles, mais je savais désormais que si je remettais notre relation entre les mains de Gabriel, tout allait bien se passer.

Ce n'est que quelques années plus tard, quand j'ai assisté à un séminaire sur les anges, que ça a fait « clic » dans ma tête quand j'ai appris que Gabriel veillait sur les enfants. Je lui suis très reconnaissante de son aide constante et de sa guidance.

Les anges nous prennent par la main dans les situations dangereuses, que ce soit sur le plan physique ou émotif, afin de nous protéger. Il arrive toutefois qu'ils aient besoin de *notre* aide pour pouvoir le faire. Ils nous transmettent alors des messages que nous ne pouvons rater, comme c'est arrivé à Christine Marsh :

Comme je m'apprêtais à quitter l'école secondaire pour rentrer à la maison, j'ai entendu une voix masculine me parler très distinctement à l'oreille. La voix me disait : « De grâce, fais attention aujourd'hui en traversant la rue. »

Peu de temps après, comme je m'apprêtais à traverser une intersection pour me rendre à l'arrêt d'autobus, j'ai eu l'impression qu'on me retenait doucement sur le trottoir. Un camion rouge est alors arrivé à grande vitesse, et quand le conducteur a finalement réussi à immobiliser son véhicule, il était au milieu du passage pour piétons et a dû reculer pour me laisser passer. Si j'étais passée quelques secondes plus tôt, je me serais sans doute fait frapper.

Maureen O'Shea nous raconte, dans un récit touchant, comment il peut être bénéfique d'écouter les messages de réconfort de nos anges gardiens, et aussi d'y croire :

J'ai été élevée dans la foi catholique à une époque où on nous parlait de l'enfer et de la damnation et où régnait la bonne vieille culpabilité catholique. Par bonheur, j'ai toujours senti au tréfonds de moi que Dieu devait nous aimer davantage que ce que nous en disait l'Église et qu'Il ne pouvait être si prompt à nous juger.

J'ai réellement découvert le pouvoir de l'amour de Dieu plus tard quand j'étais enceinte de quatre mois de mon premier enfant. Ma mère, qui écrivait dans le journal local, s'est sentie obligée de me raconter toutes les histoires qu'elle avait lues dans la salle de presse au sujet de bébés qui étaient nés avec d'horribles difformités parce que leur mère avait pris de la drogue avant d'être enceinte. C'étaient les années 1970, et, évidemment, j'avais pris de la drogue, comme la majorité des jeunes de l'époque.

Après avoir entendu ces histoires, je suis devenue très angoissée. Je ne pouvais plus dormir, j'arrivais à peine à manger, j'étais tendue et anxieuse. Parce que j'avais honte et que je me sentais coupable, je ne me sentais pas à l'aise de parler à qui que ce soit de mes inquiétudes. Et surtout pas à mon médecin. Je suis restée dans cet état pendant environ deux mois. Finalement, une nuit, j'étais étendue dans mon lit à fixer le plafond quand j'ai entendu une voix dans ma tête —

ce n'était pas une pensée, mais bien une voix — qui m'a dit de façon très distincte : « C'est un garçon, et il va bien. »

Je savais que ce message me venait de Dieu. J'ai dormi cette nuit-là comme je ne l'avais pas fait depuis des mois. Les dernières semaines de grossesse se sont déroulées sans angoisse. Et quand à la fin des neuf mois de grossesse — et après un accouchement qui a duré 20 heures — le médecin a annoncé que c'était un garçon, j'ai répondu que je le savais. Et bien sûr, mon fils était en parfaite santé, comme Dieu me l'avait promis.

En plus de la voix de nos anges gardiens, nous pouvons aussi entendre celle d'un être cher qui veut nous apporter du réconfort et nous rassurer, comme l'a vécu une femme prénommée Brunella :

Mon mari est décédé subitement à l'âge de 51 ans d'un infarctus, pendant qu'il jouait au basketball. Jim et moi étions ensemble depuis l'âge de 18 ans et nous étions mariés depuis 27 ans.

L'annonce de sa mort m'a complètement abasourdie. Je suis restée assise sur le sofa, les yeux dans le vide. Il y avait chez moi plein de gens de la famille et des amis qui voulaient me soutenir, mais tout ce que j'arrivais à faire, c'était regarder devant moi avec incrédulité. Soudain, j'ai entendu qu'on me murmurait rapidement, à l'oreille droite, un « je t'aime ».

Ça a été très bref et le son n'était pas fort, mais les mots étaient aussi nets que tous les autres bruits qu'on entendait dans la pièce. Je n'ai pas bronché et je n'en ai pas parlé, parce que je savais que ce message ne s'adressait qu'à moi. Ces trois petits mots m'ont aidée à surmonter ma douleur. Et je remercie mes merveilleux anges de m'avoir permis d'avoir ce contact avec Jim.

Parfois, il arrive que les voix et les messages soient accompagnés de sensations physiques, comme des frissons. L'histoire d'Anne Jay en est une bonne illustration. Le corps sait et ressent ce qui va arriver. Faites-lui confiance !

Un de mes amis a perdu son chien. Il l'a cherché partout, mais sans résultat. Quand j'ai appris ce qui était arrivé, je me suis mise à réciter la prière pour les animaux perdus qui se trouve dans le livre de Doreen : *Guérir avec l'aide des anges*. Un an plus tard, j'étais en voiture sur la route où le chien avait été vu la dernière fois. Soudain, un frisson m'a parcouru le corps (ce qui m'arrive toujours quand l'archange Michaël est près de moi), et j'ai entendu une voix qui disait : « Le chien a été retrouvé. » Je suis restée imprégnée de cette sensation jusqu'à mon retour à la maison.

Un peu plus tard au cours de la journée, j'ai appris que le chien de mon ami avait été retrouvé à midi, au moment précis où j'ai ressenti un frisson et entendu la voix. Je sais désormais que les anges entendent toujours nos prières et que les miracles existent !

Dans plusieurs histoires de ce livre, incluant celle d'Anne Jay, les prières sont exaucées quand les gens remarquent et écoutent les signes qu'ils reçoivent de l'Au-delà. Même quand nous nous laissons prendre dans des situations très précaires, les anges sont toujours prêts à nous donner un coup de main, avec amour et sans jugement, afin de nous diriger vers le bien-être. Tout ce qu'il nous reste à faire, c'est de les écouter, comme l'a compris Jennifer Santiago :

Je rentrais à la maison tard le soir et je me sentais très fatiguée. À environ un kilomètre de ma maison, il y a un feu de signalisation dans un quartier industriel qui est très achalandé le jour, mais complètement désert la nuit. En attendant que le feu tourne au vert, je me suis assoupie.

J'ai entendu soudain une voix qui ressemblait à celle de ma mère et qui prononçait mon nom. Je me suis réveillée sur le coup. C'était si fort et si net — comme si ma mère était à mes côtés dans l'auto — mais j'étais seule, et ma mère était à la maison. Il n'y avait pas d'autre voiture dans les environs, et ma radio était éteinte.

Sans cette voix, j'aurais continué de dormir, et je n'ose imaginer ce qui ce serait passé, étant donné que je n'avais pas mis mon frein de sécurité. Je crois que cette voix était celle de mon ange gardien. Tous les jours, je remercie les anges de veiller sur moi.

Entendre une voix désincarnée qui nous appelle par notre nom n'est pas un phénomène rare. C'est quelque chose que la majorité des gens ont déjà vécu à leur réveil, car c'est à ce moment-là qu'on est le plus ouvert à entendre les anges.

Cela vous est déjà arrivé d'aller quelque part et de sentir soudain une forte envie de rentrer chez vous ? Il est important alors de suivre votre intuition. Il nous arrive souvent d'écarter ce genre d'impression parce que nous la confondons avec la culpabilité ressentie à l'idée de ne pas être à la maison quand, au fond, nous avons réellement besoin de changer d'air. Si ce sentiment monte en vous et qu'il ne vous quitte pas, il faut absolument en tenir compte. Par chance, Carol Singleton a écouté ses anges quand ils lui ont dit de rentrer chez elle :

> Mon fils de 7 ans, Scott, s'est réveillé à 5 heures du matin avec un mal de ventre. *Il a quand même mangé beaucoup de pop-corn, hier soir,* ai-je pensé. Je suis resté avec lui jusqu'à ce que mon mari revienne de la caserne de pompier, à 9 heures. Scott avait encore mal au ventre. Nous sommes restés quelque temps tous les trois couchés ensemble sur le sofa, puis mon mari m'a suggéré que je sorte manger au restaurant. Avec un mari pompier qui fait des quarts de travail de 24 heures, je suis seule à la maison 10 nuits par mois. Je n'ai donc pas souvent l'occasion d'avoir du temps pour moi-même, et je lui étais reconnaissante de son offre.

J'étais en train de me détendre en lisant un magazine après avoir mangé dans un petit resto du coin quand j'ai entendu une voix masculine me dire très clairement : « Rentre chez toi ! » J'ai arrêté ma lecture, et j'ai de nouveau entendu : « Rentre chez toi ! » Je n'avais jamais vécu quelque chose de ce genre. Je savais que c'était important, et je suis rentrée chez moi.

Quand je suis arrivée, il y avait deux messages laissés par mon mari sur le répondeur. Dans le premier, il disait qu'il était avec mon fils dans le bureau du médecin. Dans le deuxième, il me disait qu'ils étaient rendus dans la salle d'urgence de l'hôpital. Quand je les ai rejoints, mon petit garçon avait toujours très mal, et on lui faisait encore passer des tests.

J'ai demandé à Scott s'il m'avait envoyé un ange pour qu'il me dise de rentrer à la maison. Il m'a répondu qu'il l'ignorait, mais qu'il *voulait* vraiment que je rentre au plus vite chez moi.

C'était un samedi, vers la fin de l'après-midi, et il a fallu un certain temps avant qu'arrive le chirurgien pédiatre de garde. On ne savait pas à coup sûr ce qu'avait mon fils avant l'opération, mais ça s'est avéré être une appendicite. Le chirurgien a dit qu'il n'avait jamais vu un si jeune enfant souffrir d'une appendicite. Je suis absolument certaine qu'un ange est venu me voir ce jour-là, et je lui en serai toujours reconnaissante.

Il arrive trop souvent qu'on ne tienne pas compte de la guidance qu'on reçoit, car on croit qu'il s'agit d'un jugement personnel ou encore d'une interprétation de la situation. Par peur de se tromper, on prend seulement les décisions les moins risquées. Une part de la croissance spirituelle consiste à réaliser que les signes de l'Au-delà ne correspondent pas toujours à une logique. C'est ce qui est arrivé à Cindy Felger :

> La maison dans laquelle je vivais avait été vendue, et j'avais deux semaines pour déménager. J'avais trois bergers australiens et un chat, il me fallait donc trouver quelque chose à louer avec une cour pour mes chiens. Évidemment, ça voulait dire que je cherchais une maison plutôt qu'un appartement. À cette époque, je ne pouvais payer plus de 700$ par mois.
>
> Je répondais à des petites annonces du journal tous les jours, mais tous les propriétaires refusaient les chiens. Je continuais

néanmoins à prier et à affirmer que l'Univers allait m'offrir un endroit parfait pour moi. J'ai ensuite vu une annonce d'une maison qui semblait correspondre exactement à ce que je voulais… et qui coûtait seulement 600 $ par mois ! J'ai tout de suite pensé que ce devait être un taudis, et je m'apprêtais à la rejeter.

J'ai alors entendu une voix masculine tendre mais ferme qui disait : « Appelle ! » J'ai regardé autour de moi : il n'y avait personne. J'ai dit « d'accord » et j'ai composé le numéro de l'annonce. Une femme charmante a répondu. Je me suis présentée, elle m'a donné l'adresse, et je me suis rendue directement à la maison. C'était parfait !

J'ai loué la maison, et mes animaux et moi y avons vécu heureux pendant huit ans.

Cindy était très contente de ne pas avoir tenu compte de son sens logique et d'avoir cru que l'Univers entendait et exauçait toutes les prières. Son ouverture d'esprit lui a permis de trouver la maison parfaite. Si elle n'avait pas prêté attention à la voix divine, elle aurait pu en venir à la conclusion que ses anges ne l'aidaient pas ou qu'elle n'entendait pas leur guidance.

Il arrive que, dans les moments les plus intenses, on ait l'impression d'avoir perdu la maîtrise de sa vie. Il peut être difficile de contenir ses émotions, mais il faut alors se rappeler que les anges sont très puissants. Il ne faut pas oublier qu'on est sur Terre pour être aimés, tant par les vivants que par les gens décédés, et pour aimer en retour. Si on fait une demande d'aide et de réconfort qui vient du fond du cœur à ses anges, on reçoit presque toujours une réponse immédiate. Joyce Meyers nous raconte son histoire :

> Mon père était mort de façon soudaine deux mois plus tôt. Je trouvais ça très difficile à vivre, et voilà que j'étais en train de tomber amoureuse de celui qui allait devenir mon mari ! C'était trop d'émotions fortes en même temps, et j'avais peur de faire une dépression nerveuse.
>
> Un matin où je me sentais dépassée, je me suis assise à mon bureau et j'ai prié pour retrouver la paix intérieure. Pendant ma prière, j'ai eu l'impression qu'on me tirait vers l'arrière, comme si on me faisait une étreinte d'une grande tendresse. J'ai alors senti toutes mes angoisses se dissoudre par vagues et quitter mon corps, et j'ai entendu et senti ce message : « Tout va bien aller. » En

quelques secondes à peine, mon esprit était devenu clair, et physiquement je me sentais mieux. J'étais toutefois vraiment déconcertée par ce qui venait de se passer !

Après ça, je n'en revenais pas de voir à quel point je me sentais mieux. J'avais retrouvé la capacité de faire face à ce qui m'arrivait et j'avais de nouveau la force de continuer. J'avais demandé de recevoir de l'aide céleste, et la réponse avait été instantanée. Je sais désormais que chacun de nous est protégé avec amour.

La voix de Dieu et des anges est celle de l'amour et de la sagesse. Quand ils parlent, ils le font à voix haute, distinctement et sans ambiguïté. La voix divine est faite de façon à pouvoir, dans les situations urgentes, attirer rapidement l'attention des gens. Vous n'avez donc pas à avoir peur de rater un tel signe.

Les anges veulent que nous entendions leurs messages et ils possèdent plusieurs façons de nous les transmettre. Dans le prochain chapitre, nous allons parler d'une des manières les plus utilisées par les anges pour communiquer avec nous. Il s'agit des séries de chiffres que nous retrouvons dans des numéros de téléphone, des plaques d'immatriculation, des horloges, des factures et d'autres objets du même genre.

Chapitre 7

LES NOMBRES DES ANGES

Les nombres sont souvent les signes les plus intéressants et parfois les plus déroutants qu'on puisse recevoir des anges. Des séries de chiffres reviennent de façon récurrente, et si vous ne savez pas de quoi il est question, il se peut que vous ayez l'impression que quelqu'un ou quelque chose tente de vous mêler.

Les signes sous forme de nombres peuvent apparaître un peu partout. Le plus souvent, toutefois, on les voit sur des horloges, des plaques d'immatriculation et des immeubles, ainsi que dans les numéros de téléphone, les messages électroniques et les totaux sur les caisses enregistreuses. Quand vous voyez souvent les mêmes nombres apparaître dans votre vie, demandez à vos anges qu'elle est leur signification ou cherchez-les dans mon livre *Les nombres des anges,* dans lequel j'explique la signification des nombres de 1 à 999 et des combinaisons qui comprennent davantage de chiffres.

Dans ce chapitre, vous lirez les histoires merveilleuses de personnes qui ont reçu de l'aide, qui ont vu leur vie transformée, qui ont été réconfortées et rassurées grâce au pouvoir des signes transmis sous forme de nombres. Notre première histoire est celle de Jason Simpson, qui tous les jours, se fait rappeler que les anges sont présents à ses côtés :

> Mes anges m'envoient des signes sous forme de séries de chiffres que je vois sur des plaques d'immatriculation, des factures, des horloges et à d'autres endroits. Quand je vois, par exemple, le nombre 420, c'est comme si les anges me disaient « Salut Jason », étant donné que mon anniversaire est le 20 avril. J'inscris dans un cahier tous les jours les nombres des anges ou d'autres signes que je vois. Il m'arrive de voir jusqu'à 25 nombres des anges en une seule journée.

La joie qu'on ressent en recevant des nombres des anges et de l'Univers peut être très grande ; et partager cette expérience avec quelqu'un s'avère parfois une expérience très importante pour cette personne également. Angelica Montesano nous raconte son histoire :

> Mon amie Theresa m'a parlé de la signification du nombre 11 et de ses différentes combinaisons comme 111 ou 1111. Même si elle ne sait pas d'où lui viennent ses sentiments envers ce nombre en particulier, elle se souvient qu'elle remarque ces nombres depuis qu'elle est toute petite. Elle a une attention toute particulière pour la 11e journée de chaque mois, et encore plus en novembre, quand l'équivalent numérique de la date est le 11-11. Le nombre 11 fait partie du nom de sa boîte de production, et Theresa l'utilise régulièrement pour tous les projets où des nombres sont nécessaires.
>
> Un soir d'été, je cherchais des choses pour la maison dans un centre commercial du coin. Comme je m'apprêtais à payer dans une des boutiques, le caissier m'a dit que le montant total de ma facture était 111,01 $. J'ai remarqué le nombre et j'ai souri sans rien dire. Dans la boutique suivante, le

montant total de mes achats était de 111 $ exactement.

J'ai instantanément pensé à Theresa et je me suis dit qu'il fallait que je l'appelle sur-le-champ. Je suis tombée sur sa boîte vocale. Je lui ai laissé un message où je lui expliquais que j'avais eu envie de la joindre à cause des montants de mes factures.

Quand Theresa m'a rappelée, elle m'a raconté qu'au moment de mon appel, elle était à l'hôpital où elle pleurait sa grand-mère qui venait de mourir. Elle m'a dit que mon message au sujet des nombres avait été pour elle d'un grand réconfort. Je ne sais pas si c'était un ange, l'esprit de sa grand-mère ou le Créateur qui me demandait d'appeler mon amie ce soir-là, mais je suis certaine que le message que j'ai laissé à Theresa était d'inspiration divine.

L'histoire d'Angelica nous rappelle qu'il faut poser un geste quand on reçoit un signe et qu'on ressent une intuition. Le nombre 111 (et 1111) signifie que l'on nous demande d'avoir des pensées positives et de songer à ce que nous désirons plutôt qu'à ce qui nous fait peur. Il n'y a pas de raison de s'en faire, car ce nombre est un rappel de la présence constante des anges, comme nous l'explique Cheryl Allen :

> Chaque fois que je doute ou que je me pose des questions, je reçois un message de mes anges. Si, au moment où je regarde mon horloge, il y est indiqué 11 h 11, cela me rappelle que mes anges m'aiment et qu'ils sont toujours avec moi pour me guider sur ma voie.

Les anges, qui veulent toujours que vous soyez bien et heureux, vont aussi vous montrer des signes sous forme de nombres pour vous protéger dans les moments difficiles. Quand quelqu'un meurt, assurez-vous de garder dans votre esprit et votre cœur l'amour que vous portez à la personne ou à l'animal mort, parce que les êtres décédés sont tout près de vous, comme nous le raconte Renee Pisarz :

> Quand mon merveilleux fils, Stephen, est mort dans un accident de voiture, j'ai été anéantie. J'avais toujours pensé que la mort représentait un point final… jusqu'à ce que je commence à recevoir des signes très évidents sous forme de nombres de la part mon fils.

Quand mon fils jouait au basketball à l'école, il portait le nombre 54. Il a plus tard utilisé ce nombre pour former son adresse électronique. Après la mort de Stephen, je me suis mise à voir le nombre 54 partout, et c'était pour moi un signe de son amour et de sa présence.

Le nombre 54 pouvait m'apparaître sur des horloges, des plaques d'immatriculation et l'odomètre de ma voiture. Il arrivait aussi que, si je me stationnais à côté d'un parcomètre, il y était indiqué qu'il restait 54 minutes de stationnement. Je considérais ces événements comme des preuves de synchronicité et non comme des coïncidences. J'ai compris sa façon de me contacter et, par la suite, j'ai toujours eu l'impression que Stephen était avec moi et qu'il me guidait.

Le jour de mon anniversaire, j'ai reçu un cadeau spécial. Je me suis arrêtée devant une boutique de cadres de photos. Dans la vitrine, il y avait une photo d'un événement sportif. Je n'en croyais pas mes yeux. On y voyait un maillot de sport rouge sur lequel il était évidemment écrit 54. C'était un cadeau pour mon anniversaire !

> Après le décès de mon fils, mon âme est morte, puis est ressuscitée avec une nouvelle conscience spirituelle.

Les nombres peuvent aussi nous donner le courage dont nous avons besoin pour avancer et évoluer dans notre vie. Une femme prénommée Avisha nous raconte comment les séries de nombres l'ont motivée à suivre sa guidance divine :

> Dernièrement, je vois souvent les chiffres 7-4-4 agencés de différentes façons. Je sais que ces chiffres sont utilisés par les anges pour me dire : « Tu es sur la bonne voie ! Continue comme ça ! » Je comprends que les anges m'indiquent ainsi que je dois continuer à avancer.
>
> Ça m'est arrivé, entre autres, un jour où je me rendais à une séance de reiki intuitif. On devait y invoquer les anges, les guides et les êtres chers décédés. Je n'avais jamais assisté à une séance de spiritisme et, pour je ne sais quelle raison, j'avais peur de recevoir un message de ma mère, qui était morte quand je n'étais qu'une petite fille.
>
> J'ai failli changer d'idée en chemin et rentrer chez moi tellement j'avais peur d'entendre ce que j'avais besoin d'entendre.

Une voiture m'a alors doublée ; il y avait les chiffres 474 sur la plaque d'immatriculation. Je savais que c'était la manière qu'avaient les anges de me rassurer et de me dire que j'étais sur la bonne voie en me rendant à ma séance de reiki.

J'ai alors fait une demande aux anges dans ma tête. J'ai dit : *S'il vous plaît, donnez-moi un autre signe me prouvant que je dois me rendre à cette séance*. Presque tout de suite après, une autre voiture m'a doublée, et sur la plaque, il y avait les chiffres 477. Toutes mes peurs se sont envolées quand j'ai vu cette série de chiffres.

Tout compte fait, la séance a été fantastique, et ma mère avait beaucoup de messages à me transmettre. J'ai eu l'impression que ça m'a permis de vivre une guérison spirituelle.

Les anges sont toujours avec nous, et aucune tâche n'est trop petite ni trop insignifiante pour eux. Ils sont là pour nous apporter la paix et pour nous aider à rester sur la voie qui est la nôtre afin que nous puissions apprendre ce que nous avons à apprendre dans cette vie. Ces leçons permettent à notre âme d'évoluer. L'apprentissage et l'évolution sont des aspects essentiels de la vie.

Dans la prochaine histoire, une femme du nom de Robin nous raconte comment les anges ont veillé à qu'elle ne puisse plus douter de leur présence :

J'étais étudiante au doctorat en psychopédagogie. À l'époque, je me cherchais une nouvelle voie, j'étais très stressée à l'université et j'avais hâte de commencer ma carrière et de terminer la partie académique de ma vie.

J'ai hurlé un soir en demandant qu'on me sorte de ces cours, ou du moins, qu'on m'aide à aimer l'université. J'avais hâte d'aider les gens au lieu de passer des heures sans fin dans une salle de classe.

J'ai commencé à voir des nombres à trois chiffres pareils un peu partout. J'en voyais sur les plaques d'immatriculation, mon réveille-matin, mon téléphone cellulaire et sur l'afficheur de mon tapis roulant. J'ignorais ce que ça signifiait, mais je trouvais étrange de me réveiller souvent au beau milieu de la nuit à 2 h 22, à 3 h 33 ou à 4 h 44. J'ai dit à mon amie qu'il y avait quelque chose de très étrange qui était en train de se passer et que j'avais besoin de savoir ce que ces nombres signifiaient.

Je me suis sentie interpellée un jour par le livre *Les nombres des anges*, de Doreen, où j'ai lu que le chiffre 111 signifiait qu'il fallait garder une attitude positive par rapport à notre situation actuelle. Ce qui m'a menée à étudier les anges et les archanges.

Quand est venu le temps de commencer à enseigner, j'ai demandé sans hésiter aux anges de m'aider. Un jour, comme j'étais en train de distribuer les copies d'examen à mes étudiants, je leur ai dit que tout le monde avait son ange gardien. J'étais un peu nerveuse d'avoir dit ça, parce qu'il est en général mal vu de discuter de ce genre de sujet dans une classe en dehors des cours de théologie.

En se frottant les bras, une fille assise à l'avant de la classe a dit que cette remarque lui donnait la chair de poule. Un autre étudiant a fait remarquer la même chose.

Après avoir distribué la dernière copie, j'ai dit sans hésiter que s'ils avaient besoin d'aide pour l'examen de faire appel à l'archange Zadkiel, « l'archange de la mémoire », qui aide à se rappeler certaines choses. Mes étudiants ont souri.

Je suis retournée à mon bureau et j'ai ouvert mon téléphone cellulaire pour le mettre en mode silencieux. Il était alors 11 h 11. J'ai pensé : *C'est très brillant de votre part, les anges, très brillant. Mon cœur est toujours ouvert à recevoir des messages qui me rassurent en me montrant que je ne déraille pas. Je vous en suis reconnaissante.* Dans mon esprit, m'est alors apparu l'archange Michaël, qui souriait.

Je ne sais pas si c'est grâce à l'aide de Zadkiel, ou si c'est parce que mes étudiants avaient bien étudié, mais tous ceux qui ont passé leur examen ce jour-là ont obtenu un A.

Une partie du plaisir qu'on peut avoir à trouver des nombres réside dans la recherche de leur signification. Quand cela a commencé à m'arriver à moi (Charles), je me sentais comme un participant dans un immense jeu auquel je ne me rappelais pas avoir demandé à participer. Parfois, cela peut paraître étrange, parce que le schéma récurrent et la cohérence des nombres sont si parfaits et pourtant, on les rencontre de façon si aléatoire, qu'il est impossible qu'il s'agisse d'une coïncidence. Une femme nommée Pai Chideya nous raconte comment les nombres lui ont apporté un sentiment de paix intérieure :

Peu de temps après avoir rencontré un homme qui me semblait être mon âme sœur, je me suis mise à voir le nombre 111 partout ! J'ai commencé aussi à me réveiller à 2 h 22, à 4 h 44 et à 5 h 55. Ces nombres commençaient à me rendre folle parce que je savais qu'ils avaient une signification, mais celle-ci m'échappait.

Chaque fois que je tournais la tête ou que j'ouvrais un livre, je tombais sur ces nombres. Je me demandais ce que ça pouvait bien signifier, mais je ne savais pas comment le découvrir.

Peu de temps après, j'ai commencé à travailler pour deux nouveaux employeurs. L'une s'appelait Doreen et l'autre avait comme nom de famille Virtue. C'est pourquoi j'ai été si surprise de tomber sur le livre *Les nombres des anges* de Doreen Virtue (dont je n'avais jamais entendu parler auparavant).

J'ai commencé à lire ce livre et j'ai compris la signification des nombres. C'était une forme de communication avec les anges sur laquelle je n'avais pas de pouvoir. J'adore ce qui m'arrive aujourd'hui, et je sens que les anges, Dieu et l'Univers me guident réellement. Plus j'y crois, plus je reçois de signes.

Comme c'est le cas avec tous les autres signes, il vous est toujours possible de demander aux anges de vous montrer un nombre quand vous sentez que ça peut vous réconforter ou vous rassurer. Le secret, quand on demande à recevoir un signe, c'est de ne jamais pousser ou presser les anges. Ne commencez pas à chercher à des endroits où normalement vous ne regarderiez même pas, et ne vous énervez pas si des nombres ne s'affichent pas sur un grand panneau quelques secondes après que vous ayez formulé votre demande. Le moment où vous recevez votre réponse est toujours divinement parfait, et les anges ne vous laisseront jamais tomber. Ils ont simplement leur façon de faire, comme Joyce O'Keeffe a pu s'en rendre compte :

> Je traversais une période difficile, tant sur les plans mental, physique, émotif que spirituel. Même si j'ai grandi dans une famille où j'ai été bien traitée et que j'ai été longtemps heureuse à la maison, j'ai perdu en cours de route la confiance en moi. Quand je me regardais dans le miroir, je ne reconnaissais pas ce que j'y voyais.
>
> Pour me sentir mieux, un soir j'ai décidé d'aller dans une boîte de nuit avec une amie. J'ai fait les gestes nécessaires pour me préparer, mais je n'étais pas heureuse. J'avais

perdu toute confiance en moi et je me sentais prisonnière de mes pensées négatives.

Par chance, j'ai eu la présence d'esprit de demander à Dieu qu'il me donne un signe. J'ai dit : « Dieu, si je vois le chiffre 7 ce soir, je saurai que Vous me dites que tout va bien aller. » Je ne sais pas pourquoi j'ai choisi le chiffre 7, mais c'est bien lui que j'ai choisi… et j'ai rapidement oublié ma prière.

J'ai choisi de faire bonne figure et je suis finalement sortie avec mon amie pour danser. À la fin de la soirée, comme nous nous apprêtions à quitter les lieux, un homme que je ne connaissais pas s'est approché de moi et m'a dit : « Nous sommes tous des 7. Je suis un 7. Tu es un 7. Tout est 7 ! » Je l'ai laissé continuer comme ça pendant environ cinq minutes, épatée de ce qu'il était en train de dire.

Pour moi, c'était un ange envoyé par Dieu. Je l'ai serré dans mes bras en lui disant qu'il ne pouvait pas savoir ce que cela signifiait pour moi.

C'est ce soir-là que je me suis rendu compte qu'il y avait quelqu'un qui souhaitait que je ne lâche pas et que je garde espoir. Je n'oublierai jamais la magie de Dieu et de mes anges, qui me protègeront toujours.

Il arrive que des nombres soient des signes qui concernent des personnes décédées. Leur signification est alors beaucoup plus précise que celles des nombres des anges. Ils font généralement référence à quelque chose qui a une signification personnelle, comme une date de naissance ou d'anniversaire. Il arrive que les anges envoient une plaque d'immatriculation avec les initiales de la personne décédée *et* un nombre significatif.

Si vous voyez des nombres qui vous font penser à quelqu'un, faites confiance à votre intuition quant à leur signification. Dans l'histoire que nous raconte Lorraine Halica, les nombres s'avèrent posséder un pouvoir thérapeutique :

> Peter, mon mari bien-aimé, a quitté ce monde d'une façon subite. Afin de vivre mon deuil, j'ai décidé de déménager dans un autre État et d'aller vivre près de ma sœur. J'ai vendu ma maison en moins d'un mois, ce qui m'a confirmé que j'avais fait le bon choix.
>
> Sur la nouvelle plaque d'immatriculation de ma voiture, c'était écrit 505 WKS. Je pouvais facilement me souvenir de mon

numéro de plaque en pensant à « 505 semaines »[10].

C'est ma sœur qui m'a fait observer quelque chose que je n'avais pas remarqué : si Peter avait été encore vivant, cela aurait fait 505 semaines que nous étions mariés !

Est-ce une coïncidence ? Je ne pense pas ! J'ai eu un frisson, j'ai remercié Dieu pour ce signe, et j'ai juré de ne jamais changer de plaque d'immatriculation.

Jusqu'ici, nous avons parlé des signes de l'Au-delà, et vous avez lu les histoires de guérison et de découvertes de différentes personnes. Et maintenant, qu'en est-il de *vous* ? Dans les deux prochains chapitres, nous allons parler de ce que vous pouvez faire pour recevoir des signes liés à vos questions et à vos préoccupations.

10. N.d.T : En anglais, c'est « 505 weeks », avec les mêmes consonnes que dans la plaque d'immatriculation.

Chapitre 8

DEMANDER À RECEVOIR UN SIGNE

Bien sûr, les signes sont parfaits pour nous montrer la voie à suivre et ils sont souvent miraculeux. Mais s'ils ne viennent pas à vous de façon automatique, comment pouvez-vous faire pour les « déclencher » ? Peu importe les rituels dont vous avez entendu parler, sachez que communiquer avec les anges et leur demander des signes est bien plus facile à faire que lire ce paragraphe ! Chaque fois que vous pensez à une chose, que vous la souhaitez, que vous la voulez ou que vous manifestez le désir de l'obtenir, vous êtes en train de prier pour cette chose, et les anges vous entendent.

C'est pourquoi il est important de surveiller vos pensées et de n'avoir en tête que les choses que vous *voulez*. Bien que les anges soient présents pour vous aider et pour s'assurer que vous êtes sur la bonne voie, ils savent aussi que tout le monde est ici pour apprendre et évoluer. Ils vont donc s'assurer de vous satisfaire, et ce, même si vos pensées ne vont pas toujours dans le sens de votre meilleur intérêt.

La loi de l'énergie est si absolue et parfaite dans cet Univers qu'il est de notre ressort de veiller à laisser uniquement une énergie pure, positive et aimante nous traverser. Cela ne se fait pas du jour au lendemain, car nous avons naturellement tendance à vouloir nous occuper de tout par nous-mêmes, et donc, à nous attarder sur tout ce qui nous paraît avoir de l'importance. Mais lorsque nous nous attardons sur ce qui est mauvais dans notre vie, nous perpétuons la négativité. On pourrait en conclure que nous sommes dans une situation sans issue, car comment pourrait-on résoudre les problèmes si nous ne pouvons nous y attarder ? C'est justement là que les anges entrent en jeu…

Il existe une expression qui dit : « Lâchez prise et remettez-vous-en à Dieu ». S'il existe un précepte de vie qui soit plus juste, *nous* ne l'avons pas encore entendu. Ce qu'il y a de plus merveilleux dans la présence constante des anges à nos côtés, c'est qu'ils sont prêts à faire tout ce qu'ils peuvent pour que nous vivions heureux, comblés et dans la lumière. Ils veulent aussi nous réconforter quand nous en avons besoin, nous accompagner quand nous nous sentons seuls et nous donner de la force quand nous nous sentons faibles ou impuissants. Et tout ce qu'ils demandent en échange, c'est que nous soyons heureux et que nous croyions en leur existence.

Voici les étapes à suivre si vous désirez recevoir un signe des anges qui vous apportera du réconfort ou de la guidance.

Les étapes pour recevoir des signes de l'Au-delà

1. Demandez. Selon la loi du libre arbitre, les anges ne peuvent nous aider — ce qui inclut nous donner des signes — que si nous le demandons. Pour recevoir un signe, il faut en faire la demande. Il vaut mieux ne pas préciser quel genre de signe vous désirez. Essayez plutôt de remarquer ce qui arrive de façon récurrente une fois que vous avez fait votre demande.

Bien que les rituels ne soient pas nécessaires, ils peuvent être utiles parce que nous avons tendance à nous ancrer dans les habitudes. Si nous développons l'habitude et l'instinct de communiquer avec les anges, alors notre vie sera plus belle encore que ce qu'on aurait pu imaginer. La pensée est une forme de prière. Quand on en prend conscience, on veut s'assurer que toutes les demandes adressées aux anges reflètent bien ce qu'on désire.

Une femme, du nom de Louise, nous raconte ici comment elle a pu retrouver la paix intérieure dans une situation très difficile en demandant l'aide des anges.

> Quand on a diagnostiqué à notre fils de trois mois, Ricky, une maladie cardiaque très rare, nous étions atterrés. Peu de temps après, notre fils est mort dans les bras de mon mari.
>
> Mon mari a dû retourner au travail quelques jours après la mort de Ricky. Je ne connaissais pas beaucoup de gens là où nous vivions et je n'avais personne à qui parler. Je me sentais désespérément seule et triste. Un après-midi, environ une semaine après le décès de Ricky, j'étais assise devant la maison avec mon mari. J'étais très triste et je lui ai dit que si seulement je pouvais recevoir un signe qui m'indiquerait qu'il va bien. Je voulais juste savoir qu'on prenait soin de lui, qu'il était heureux et qu'il ne souffrait plus
>
> À ce moment précis, notre fille aînée est arrivée en courant et a crié qu'il fallait que nous allions dans la cour arrière. Quand

nous sommes arrivés derrière la maison, nous avons vu un arc-en-ciel spectaculaire juste au-dessus de notre cour. Il était immense, et ses couleurs étaient très vives ! Même si l'arc-en-ciel était exceptionnellement beau, j'ai pensé que ce n'était qu'une coïncidence.

C'est alors que, comme pour me convaincre que ce n'en était *pas* une, il s'est mis à neiger — une toute petite neige avec de minuscules flocons qui atterrissaient tout doucement. Nous sommes restés là, les bras ouverts, à regarder la neige tomber, fondre sur notre peau, en nous regardant avec incrédulité. C'était un bel après-midi ensoleillé, il aurait été impossible de prévoir cette neige.

J'ai demandé à différentes personnes si elles avaient vu de la neige ce jour-là, et elles m'ont toutes regardée comme si j'étais folle. J'ai téléphoné à ma sœur pour lui raconter ce qui s'était passé — elle a pensé que ma douleur était trop grande et m'a suggéré de consulter quelqu'un. Mais je savais que c'était bel et bien arrivé et que c'était un signe. Même si nous étions les seuls à avoir vu la neige, cela m'a beaucoup apaisée, et j'ai pu continuer ma vie.

> Le rosier miniature jaune que j'ai planté juste avant la mort de Ricky nous donne aussi des signes qui nous indiquent que Ricky se porte bien. Tous les ans, à l'anniversaire de sa naissance et de sa mort, il y a toujours un nouveau bouton. À mes yeux, ces boutons de rose jaunes représentent la façon qu'ont les anges de me dire que mon fils va bien.

2. Ayez confiance. Soyez assurés que les anges sont avec vous et ayez foi dans les signes qu'ils vous envoient. Michelle Simmonds nous démontre qu'il suffit souvent de demander et d'avoir confiance pour que les signes se manifestent, et que la foi est un outil très puissant :

> Je venais de m'établir à Melbourne, en Australie, et je n'y connaissais pas grand monde. Quand un collègue m'a gentiment invitée à une fête, j'ai accepté avec joie. Pendant que je me rendais à cette fête, il faisait très froid et sombre dehors.
>
> Même si on m'avait expliqué le chemin pour m'y rendre, je me suis perdue dans les rues tortueuses d'un quartier industriel. J'avais peur, surtout que je n'avais ni téléphone cellulaire ni carte routière. J'ai prié en

demandant à Dieu et aux anges de m'aider. J'ai instantanément ressenti une paix intérieure.

J'ai continué à rouler, en suivant mon intuition, car je sentais que Dieu et les anges allaient me guider. Je me suis vite retrouvée sur la route principale, où il y avait un *fast food*. Je suis allée au service au volant, j'ai acheté un petit quelque chose et j'ai demandé qu'on m'explique le chemin à prendre. En sortant du stationnement, j'ai remarqué une église de l'autre côté de la rue. Quand j'ai vu ce qui était écrit sur le panneau à l'extérieur, j'ai éclaté de rire. C'était écrit : « Perdu ? Laissez Dieu vous montrer le chemin ! »

3. Faites confiance au « timing divin ». Toutes les prières sont entendues et exaucées, mais il peut arriver que cela prenne du temps parce que les anges doivent travailler en coulisse pour arranger tous les détails.

L'histoire de Heather Succio illustre bien comment les demandes et les prières sont exaucées exactement au bon moment :

Je n'ai connu grand-papa Davis que pendant les six premières années de ma vie, qui sont des années où notre personnalité se forme et où la bonté laisse une grande impression. Mon grand-père était mon ami. Il tenait toujours à être là pour moi et à faire toutes ces choses qui sont si importantes dans la vie d'un enfant de cinq ans. Par exemple, il m'a façonné un nez de sorcière avec de la pâte à modeler et a voulu être présent pour ma première tournée d'Halloween ! Il m'a fait un album scolaire avec des bulletins, des photos, des feuilles d'exercices et des dessins joliment collés avec des légendes écrites à la main.

Mon grand-papa était aussi un grand collectionneur de timbres. Les timbres le fascinaient, qu'ils soient d'ici ou d'ailleurs, neufs ou abîmés. Il les ramassait, les collait et exposait fièrement des quantités inimaginables de timbres-poste dans des livres ou des boîtes qui semblaient remplir tous les placards de mes parents. Il adorait leur aspect et le lien qu'ils constituaient avec des destinations exotiques.

Il travaillait pour une compagnie aérienne, mais il était « consigné » au hangar de maintenance. J'ai toujours pensé qu'il devait avoir le cœur romantique d'un aventurier et qu'il rêvait des endroits qu'il visiterait un jour. Après sa mort, j'étais certaine qu'il était quelque part « là-haut », même si je ne pouvais pas le toucher, l'entendre ou le voir.

Un soir où je me sentais particulièrement nostalgique, j'ai supplié grand-papa de me faire un coucou. Je savais qu'il ne fallait pas demander quelque chose de précis. J'ai simplement prié pour qu'il me montre qu'il était là d'une manière plus tangible qu'un simple sentiment dans mon cœur.

Le lendemain matin – c'est-à-dire 12 heures après avoir demandé à mon grand-père un signe de sa présence – un colis postal est arrivé. J'étais assise à table quand mon mari m'a dit qu'un paquet que j'avais commandé était arrivé ce matin, venant de Hong Kong ! Toute la boîte était entièrement recouverte de magnifiques timbres-poste. Il m'a demandé si je connaissais quelqu'un qui les collectionnait.

Les larmes me sont montées aux yeux pendant que je remerciais d'abord mon mari, puis mon grand-père. La vie n'est-elle pas précieuse et merveilleuse, surtout quand nous savons que nous ne la traversons pas seuls ? Demandez et vous recevrez… même des signes de l'Au-delà ! Je me suis toujours sentie aimée et protégée par les anges, mais c'est merveilleux d'en avoir la confirmation.

Comme nous le révèle l'histoire de Heather, il y a des prières qui sont exaucées très vite, tandis que pour d'autres, il faut un peu de temps. Mais les anges entendent et exaucent toutes les demandes d'aide.

4. Remarquez les signes. Si vous avez demandé qu'on vous envoie un signe et que vous croyez ne pas en avoir reçu, ce pourrait être parce que vous n'avez pas remarqué les signes, ou que vous n'avez pas eu foi en ceux que vous avez reçus. Pas besoin de vous en faire pour autant, car les signes sont en quantité inépuisable ! Demandez aux anges qu'ils vous envoient d'autres signes et qu'ils vous aident à les reconnaître et à les comprendre.

Les anges sont heureux de vous envoyer des signes de façon répétitive jusqu'à ce que vous les remarquiez. Même si vous ne saisissez pas leurs significations, il est important de remarquer les signes. Vous pouvez demander aux anges qu'ils vous expliquent leur signification, en plus de faire confiance à votre intuition et aux idées qui vous viennent à ce sujet.

Les peurs de Bev Black ont été apaisées parce qu'elle a eu foi quand elle a vu des lumières (les lumières sont aussi un signe communément utilisé par les anges pour vous montrer qu'ils sont avec vous, qu'ils vous protègent et qu'ils veillent sur vous et ce que vous vivez) :

> J'étais en route pour aller chercher mon mari à l'aéroport de Bellingham. J'avais pris deux traversiers du côté canadien, et il me restait maintenant à faire la dernière partie de mon trajet entre la Colombie-Britannique et l'État de Washington.
>
> L'autoroute était déjà recouverte de neige et de glace quand une grosse tempête s'est abattue sur nous, avec du tonnerre et des éclairs. Ensuite, des grêlons si gros que je ne voyais presque plus devant moi se sont mis à tomber. Il n'y avait pas où s'arrêter, car la route était étroite et sombre.
>
> J'avais très peur et j'ai demandé à mes anges de me protéger et de m'aider à me rendre à destination. Quelques minutes plus tard, j'ai vu des éclairs de lumière juste à côté de moi sur le siège du passager, et j'ai compris qu'on avait entendu mes prières. Un ange était assis à côté de moi pour me calmer et m'offrir son soutien. Je suis

demeurée calme et confiante pour le reste de la route, car je savais que je n'avais plus à avoir peur.

5. Passez à l'acte. Les signes de l'Au-delà vous donnent souvent des informations quant aux gestes que vous pouvez poser pour que vos prières soient exaucées. Comme Lisa Hopp l'a découvert, il est important d'agir quand on reçoit de la guidance :

> J'avais eu une très mauvaise journée et je ne savais pas comment m'en sortir. En route vers la maison de mes parents, j'ai regardé le ciel et j'ai crié : « Comment puis-je me sortir de ce désastre ? »
>
> Un camion Volkswagen gris est alors apparu à ma gauche et a attiré mon regard. Ce n'est pas le camion lui-même que j'ai remarqué, mais plutôt la manière dont il m'a dépassée : il est arrivé très vite, puis il a semblé ralentir après m'avoir doublée.
>
> Il y avait un autocollant blanc sur le pare-chocs, avec des fleurs violettes dessinées et quelque chose d'écrit sur la partie inférieure. Je l'ai remarqué parce que le violet est ma couleur préférée. C'était écrit : « Simplement simplifiez ». Aussi étrange que ça puisse paraître, dès que j'ai eu fini de lire

ces mots, le camion a accéléré et a disparu derrière une côte. Quelques secondes plus tard, j'ai franchi la côte moi aussi, mais le camion n'y était plus.

Mon intuition me disait que je venais de recevoir une réponse à la question que j'avais posée un peu plus tôt, mais mon esprit n'arrivait pas à comprendre le message et émotivement, je n'arrivais pas à croire que je méritais ce genre d'intervention, alors je me suis dit que tout ça n'était que coïncidence.

Deux heures plus tard, j'étais rentrée à la maison et je lisais le journal du dimanche dans le salon. La télévision était allumée, on présentait la première partie de football de la journée. J'ai étalé toutes les sections du journal devant moi pour pouvoir trouver plus facilement celles qui m'intéressaient.

La section de l'immobilier était à ma gauche. Mon attention y revenait sans cesse, et je ne comprenais pas pourquoi. Je me suis même surprise à prendre cette section, à en regarder la première page, puis à la redéposer. J'ai fait ça deux fois avant de succomber à ma curiosité et d'ouvrir la première page. En bas, à gauche, se trouvait un dessin représentant de grandes maisons de luxe. Sur cette image, c'était écrit en grosse lettres « Simplement simplifiez ».

Avant que j'aie eu le temps de réagir à ces mots, le volume de ma télévision a augmenté tout seul. J'ai levé la tête pour observer les deux commentateurs à l'écran. Le premier a demandé : « Comment penses-tu qu'il a réussi à apporter ces changements à l'offensive ? »

Le deuxième commentateur a répondu : « Je sais exactement comment il a fait ça. Il a simplement simplifié la ligne offensive. »

Puis, le volume est revenu comme avant. Je me suis mise à pleurer. J'ai remercié mes anges et je leur ai demandé de m'aider à comprendre ce message et à apporter les changements nécessaires. Depuis ce temps, j'ai simplifié ma vie sur plusieurs plans, ce qui m'a permis de mieux m'en sortir et d'entendre encore mieux la voix de mes anges.

D'autres façons d'obtenir des signes

– **Dites votre prière tout haut.** Si le fait de penser à vos désirs ne vous satisfait pas ou ne vous rassure pas, essayez de dire votre prière à haute voix. Si ça ne change rien pour les anges, la manière dont *vous* vous sentez en lien avec votre prière est, quant à elle, presque aussi importante que le fait de prier. Si vous n'êtes pas certain d'avoir remis vos problèmes au royaume angélique, vous risquez d'avoir la tentation de continuer à y penser (et vous savez qu'il n'est pas bon de porter attention aux choses négatives). Prononcer une prière à haute voix avec confiance est une merveilleuse façon de laisser aller ses soucis.

– **Écrivez votre prière.** Une autre forme de communication qui est très puissante, c'est l'écriture (que ce soit sur une feuille de papier ou à l'ordinateur). Cette façon de faire est très efficace parce que premièrement, elle vous permet d'exprimer complètement vos pensées et, deuxièmement, vous pourrez, en gardant votre prière, avoir un objet physique qui vous rappellera que ces problèmes sont désormais entre les mains des anges. Vous n'avez pas à écrire de façon lisible, chronologique ou grammaticalement correcte, et vous n'avez même pas à faire des phrases complètes. Le plus important, c'est ce que vous ressentez au moment d'écrire.

– **Méditez sur votre prière.** La méditation permet d'aller au bout de ses pensées. Il m'arrive souvent à moi (Charles) de méditer quand j'ai une question ou une demande en tête. Au moment où j'entre dans un état méditatif plus profond, je demande aux anges de prendre toutes mes pensées et de s'en occuper avec amour. Ma règle pour ce genre de méditation, c'est que je ne dois pas revenir à la réalité tant que mon esprit ne s'est pas vidé de toute pensée et de toute émotion. Quand je sors de ma méditation, je me sens complètement détendu. Je me suis aussi débarrassé de toutes ces pensées agaçantes qui attendent que notre esprit se vide des autres pensées pour commencer à nous tourmenter. Vous savez de quelles pensées il s'agit : *Est-ce que j'ai payé la facture ?... Je me demande ce qu'elle a voulu dire tout à l'heure... J'ai mal aux pieds* — toutes ces pensées qui nous empêchent de ressentir une véritable paix intérieure.

— **Imaginez que votre prière est exaucée.** Voici une manière très efficace de communiquer ses souhaits au royaume angélique et qui permet d'avoir encore plus d'influence sur la réalisation de ses rêves. Il s'agit d'imaginer que ce qu'on désire est déjà devenu réalité. Quand on choisit un but à atteindre, il faut croire qu'on peut y arriver, imaginer que c'est déjà vrai et éviter de se concentrer sur ses peurs ou ses doutes.

La prochaine fois que vous vous trouverez devant un problème, utilisez la technique qui fonctionne le mieux pour vous et votre situation pour demander aux anges de vous libérer de ce problème et de le régler. Il vous faudra faire preuve de patience, parce que le Ciel ne possède pas la même notion du temps que nous, il fonctionne plutôt selon le timing divin. N'oubliez pas que si vous doutez de la capacité des anges, même après avoir posé un geste pour vous, vous risquez de ralentir tout le processus, car ils pourraient penser que vous ne voulez plus de leur aide.

Quelle que soit votre méthode, quel que soit votre souhait, il faut vous rappeler que les anges ne sont pas là pour agir à *votre* place, mais plutôt pour vous diriger vers les décisions qui permettront à votre âme d'évoluer et de s'améliorer. C'est pour cette raison que les signes ont une telle importance — il y en a toujours, et si vous vous ouvrez aux signes sous toutes les formes possibles, votre vie sera remplie de paix et d'harmonie.

Utilisez tous vos sens pour remarquer les signes, qui arrivent *toujours* en réponse à une demande. Vous pouvez recevoir un signe visuel, ce peut être une émotion que vous ressentez, une voix ou une musique que vous entendez, une idée qui vous vient à l'esprit ou encore une odeur que vous remarquez, comme nous le raconte Krista :

> Même si je n'ai que 11 ans, j'ai toujours senti un lien très fort avec les esprits qui m'entourent. Quand j'allais chez ma grand-mère, je pouvais toujours les voir et sentir leur présence, ce qui m'amusait.
>
> Il m'arrive de sentir un vide à l'intérieur de moi parce que je ne suis pas capable d'aider le monde. Je me sens inutile et déprimée. Quand ça m'arrive, je sens momentanément une forte odeur de cigarette. Plutôt que de m'effrayer, ça m'apporte du réconfort.
>
> J'ai fini par en parler à ma mère. Elle m'a appris que mon arrière-grand-père fumait, et que cette odeur était un signe pour me montrer qu'il était avec moi et qu'il me réconfortait. Je le remercie grandement pour son aide.

Des odeurs caractéristiques, comme l'odeur de cigarette de l'arrière-grand-père de Krista, sont des signes de la présence d'un être cher décédé et aussi qu'il est heureux. Il peut également arriver, comme ça a été le cas pour une femme du nom de

De Williams, qu'une odeur qui a une signification personnelle soit un signe de guidance divine :

> J'ai demandé aux anges de m'envoyer une confirmation physique de leur présence et du fait que j'avais un talent pour le paranormal que je pouvais développer. Les jours passaient, et je n'avais toujours reçu aucun signe. J'ai commencé à utiliser les cartes *Messages de vos anges* et je pigeais toujours la carte indiquant qu'une personne décédée essayait d'entrer en contact avec moi. Je n'avais aucune idée de qui il pouvait s'agir et j'ai demandé à ce qu'on m'éclaire.
>
> Je travaille avec mon beau-père, qui possède sa propre entreprise, et nos bureaux sont dans sa maison. Un jour, un mercredi matin, je suis arrivée au travail et j'ai senti, en entrant dans le salon, une odeur de parfum pour homme. Ça m'a rappelé mon père, car il utilise un parfum qui a le même genre d'odeur. Il ne me semblait pas que mon beau-père portait du parfum, mais je ne pouvais pas dire non plus qu'il n'en portait jamais, alors je n'ai plus pensé à l'odeur. Tout au long de la matinée, j'ai senti cette même odeur à différents endroits dans la maison. L'odeur semblait présente dans

toutes les pièces. Je me suis même demandé si ce n'était pas lié à la carte concernant l'être cher décédé, mais l'odeur me rappelait tellement mon père, qui était vivant et en santé, que je me suis dit que ce ne pouvait être le cas.

Après avoir eu cette pensée, j'ai entendu une voix dans ma tête qui me disait : *Appelle ton père pour voir s'il va bien.* Je dois dire que j'ai souvent de fausses prémonitions ou intuitions, je me suis donc dit que mon père allait sûrement bien et que je m'imaginais des choses. J'ai donc mis cette pensée de côté, comme je l'avais fait pour l'odeur.

Un peu plus tard, je suis allée à la librairie. Au moment où je me trouvais devant le livre *Archanges et maîtres ascensionnés*, j'ai de nouveau senti la même odeur de parfum. Il n'y avait personne près de moi, et certainement pas un homme. Personne n'était passé à côté de moi. J'ai senti l'odeur encore plusieurs fois cet après-midi-là, dans ma cour. Cette fois-là, j'ai même senti ma blouse (même si je savais que ça n'avait pas de sens) pour vérifier si l'odeur n'était pas sur *moi*. Je n'ai rien trouvé. J'ai de nouveau mis de côté cette histoire de parfum, et je n'ai plus senti l'odeur.

Le lendemain, j'ai envoyé une blague par message électronique à mon père et, à ma grande surprise, j'ai reçu une réponse (il ne communiquait que rarement avec moi). Il m'écrivait qu'il avait subi une défibrillation la veille. Je l'ai appelé pour savoir ce qui s'était passé. Il était allé au bureau de son médecin, et son cœur était entré en fibrillation auriculaire. On l'avait transporté dans la salle d'urgence, où la médication ne lui avait pas fait effet. On avait donc dû arrêter son cœur, puis lui faire subir une défibrillation pour qu'il se remette à battre normalement.

J'ai raconté à mon père que j'avais senti l'odeur de son parfum la veille et que j'avais failli l'appeler pour voir s'il allait bien. Il m'a répondu qu'il avait mis du parfum la veille et que ça faisait des mois qu'il n'en avait pas porté. Je lui ai demandé à quel moment il avait eu son problème cardiaque, étant donné que j'avais senti l'odeur plusieurs fois entre 9 heures et midi. Il m'a dit que ça avait commencé à 9 h 30. Il a ajouté qu'il allait bien maintenant, qu'il était de retour au travail et qu'il avait rendez-vous le lendemain avec son cardiologue.

> Mon père a des problèmes d'hypertension artérielle, mais n'a jamais eu de problèmes cardiaques ! Je suis rentrée chez moi et j'ai eu une petite discussion avec les anges. J'ai demandé pardon pour avoir ignoré leur avertissement au sujet de mon père. J'ai demandé qu'il guérisse – en fait, j'ai demandé de façon précise que son cardiologue lui confirme un bilan de santé positif.
>
> J'ai appelé mon père après son rendez-vous, et on lui a *effectivement* dit qu'il n'avait aucun problème cardiaque. On n'avait pas trouvé la cause de sa fibrillation, et son cœur était en santé. Désormais, je ne doute plus de la présence des anges. Je *sais* qu'ils sont là.

Les signes peuvent aussi nous être transmis par des gens, il est donc important de s'attarder aux paroles prononcées par quelqu'un quand celles-ci résonnent en nous, car il est possible qu'elles viennent directement des anges (en général, dans ces cas-là, la personne ne se rend pas compte du rôle d'ange terrestre qu'elle est en train de jouer). Il faut alors faire confiance aux paroles entendues, comme l'a compris Rosalinda « Chayito » Champion quand elle a entendu les mêmes paroles prononcées par deux personnes différentes :

Je suis chanteuse de flamenco professionnelle et j'ai grandi dans une famille d'artistes. Je pense bien avoir toujours su qu'il y avait un lien entre la musique, les anges et Dieu. J'ai souvent reçu une guidance divine à l'effet que je devais chanter pour et à propos de Dieu, mais j'ai ignoré cet appel pendant 20 ans.

J'ai chanté, dernièrement, dans une boîte où il y avait un mélange de bruits, d'alcool et de bonne humeur. Trois femmes vêtues de blanc sont entrées et ont dit qu'elles voulaient voir mon spectacle et peut-être m'engager pour la soirée d'anniversaire de leur père. Après mon spectacle, elles m'ont invitée à leur table, m'ont tenu la main et se sont mises à prier pour moi. J'ai regardé autour de nous : personne ne nous regardait. J'ai fermé les yeux ; et elles ont continué à prier pour que je sois forte, en santé, que je sois guidée, et ainsi de suite.

Quand elles ont eu fini, l'une d'elles a dit : « J'ai un message pour vous de la part de Dieu. Vous avez vécu de grandes souffrances au cours des années, qui ont fait de vous ce que vous êtes devenue. Chayito, vous allez chanter pour Lui maintenant ;

avec votre voix puissante, vous allez chanter Son message et Ses louanges. »

Je n'en revenais pas que Dieu me parle au beau milieu d'une boîte de San Antonio ! Trois semaines plus tard, j'avais cependant oublié cette histoire. Puis, les sœurs sont revenues avec d'autres femmes vêtues de blanc. Une des plus vieilles d'entre elles a dit : « J'ai un message pour vous de la part de Dieu : vous devez commencer à écrire des paroles et à composer de la musique afin de pouvoir chanter Son message et Ses louanges. »

La femme qui m'avait parlé la fois précédente s'est tournée et a dit : « Je lui ai fait le même message, il y a de ça trois semaines. Je ne t'en avais pas parlé, ce qui signifie qu'il s'agit bel et bien d'une confirmation. »

J'ai l'impression que les anges et Dieu m'ont envoyé ces merveilleuses femmes, et qu'après que je lui ai demandé pendant des années quel était mon but ici, Il m'a finalement donné une réponse. Je tente de suivre la guidance que j'ai reçue, avec l'aide de l'archange Gabriel. Je sais maintenant qu'il existe des anges terrestres… j'en ai rencontré six il y a un mois.

Dans le prochain chapitre, vous trouverez des suggestions de prières qui pourront vous aider à recevoir des signes liés à des problèmes précis.

Chapitre 9

PRIÈRES

Les mots que vous utilisez sont moins importants que l'objectif que vous avez en tête quand vous faites votre prière. C'est que les anges répondent aux intentions. Vous pouvez, par exemple, demander de 1 000 façons différentes à recevoir de la guidance en lien avec votre carrière ou une relation. Les anges s'attardent aux émotions que vous ressentez. Est-ce que vous voulez un sentiment de paix, de sécurité, d'excitation ou de bonheur ? C'est ça que les anges vous apporteront.

Les anges répondent à la plupart des prières par des signes ou d'autres formes de guidance divine (comme des sentiments intuitifs ou des idées répétitives). Si vous remarquez les signes et que vous les écoutez, beaucoup d'occasions s'offriront à vous, et vous ressentirez une grande paix, comme vous avez pu le voir dans les récits de ce livre.

Dans le présent chapitre, nous allons voir quelques exemples de prières auxquelles vous pourrez avoir recours pour demander des signes dans différents domaines de la vie. Vous pouvez les dire à haute voix, en silence, en chantant, les écrire, c'est comme vous le souhaitez. Sachez que la forme de votre prière est moins importante que le fait de suivre les trois étapes suivantes :

1. Demandez. N'oubliez pas que les anges peuvent vous envoyer des signes seulement si vous en avez fait la demande.

2. Remarquez les signes. Cela signifie aussi qu'il faut faire confiance aux signes et croire que ce ne sont pas de simples coïncidences. Si vous doutez de ceux que vous avez remarqués, revenez à la première étape et demandez qu'on vous envoie un signe pour confirmer que vous recevez réellement des signes.

3. Suivez la guidance transmise par les signes. Si les signes de vos anges vous demandent de poser un geste, il vous faut le faire pour que votre prière puisse être exaucée.

Commençons par une prière de nature générale pour recevoir des signes :

Chers anges,

Je vous demande de m'envoyer des signes clairs dans ce monde physique, des signes que je pourrai remarquer et comprendre facilement et qui m'aideront pour [ici, vous décrivez la situation ou la question].

La prière demande que les signes vous apparaissent de façon concrète et que vous puissiez les reconnaître.

Maintenant, voici une prière que vous pouvez utiliser quand vous avez besoin d'aide pour suivre la guidance divine liée aux signes :

Chers anges,

Je vous demande de me donner le courage et la motivation nécessaires pour poser les gestes en lien avec votre guidance.

Dans les prochaines pages, vous trouverez des prières en lien avec des situations précises.

N'hésitez pas à les transformer, à y ajouter des phrases ou à créer vos propres prières. N'oubliez pas que les anges entendent et exaucent toutes les prières de tout le monde (ce qui vous inclut).

Prières de bénédiction et de protection

Prière pour les enfants

Chers anges,

Veuillez m'envoyer un signe qui me prouve que mes enfants sont entourés de lumière. Envoyez-leur mon amour et entourez-les de votre énergie protectrice. Je vous demande de m'envoyer des signes clairs et évidents quand il sera temps pour moi de les aider ou d'intervenir de quelque façon que ce soit pour leur bien-être et leur développement.

Prière pour votre époux (ou épouse)

Chers anges,

Je vous demande de veiller sur mon conjoint (ma conjointe) et de le (la) protéger. Veuillez aussi me donner un signe qui me montre que tout ira bien entre nous. Je ne fais pas cette demande par manque d'assurance, mais plutôt parce que j'aimerais recevoir un doux rappel du fait que je suis sur la bonne voie.

Prière pour vos parents

Chers anges,

Je vous demande de veiller sur ma mère et mon père… de les guider, de les protéger et de les aider. Veuillez me donner un signe clair de leur amour et de leur bonheur, et envoyez-moi des signes pour savoir si je dois faire quoi que ce soit pour leur venir en aide ou pour qu'eux puissent m'aider.

Prière pour un animal de compagnie

Chers anges,

Je vous demande de veiller sur mon animal et de voir à sa sécurité, à sa santé et à son bonheur. Merci de m'envoyer des signes qui me permettront de mieux comprendre ses besoins.

Prière pour un animal perdu

Chers anges,

Je sais que rien ni personne ne peut être réellement perdu, car vous pouvez voir chacun et chaque chose. J'affirme que rien n'est perdu aux yeux de Dieu. Je vous demande de m'aider à retrouver mon animal dès maintenant. Je vous prie de m'envoyer un signe qui me permettra de le retrouver. Et maintenant, je me détends, car je sais que vous, Dieu et mon moi supérieur êtes déjà en communion avec mon animal.

Prière pour un(e) ami(e)

Chers anges,

Je vous demande d'aider mon ami(e) [nom de la personne] *à trouver la paix intérieure et à être bien dans sa situation actuelle. J'aimerais que vous me donniez des signes facilement perceptibles qui m'indiqueront comment soutenir et aider mon ami(e).*

Prières pour la résolution de conflits

Prière pour régler un différend avec l'être aimé

Chers anges,

Veuillez me donner un signe qui m'indique qu'il existe bel et bien une solution pacifique et harmonieuse au conflit que je vis actuellement. Je vous demande de permettre à l'amour et au pardon de nous entourer et de nous guider afin que nous puissions retomber dans les bras l'un de l'autre.

Prière pour une meilleure communication avec vos enfants

Chers anges,

Veuillez m'envoyer un signe pour m'assurer que ce que j'ai à dire peut aider mes enfants. Je vous demande de leur envoyer mon amour et ma protection, et qu'ils sachent que je souhaite ce qu'il y a de mieux pour eux.

Prière pour résoudre un conflit avec des voisins

Chers anges,

Je vous demande de m'envoyer un signe pour me montrer qu'il existe une solution au différend qui m'oppose à mes voisins. Nous partageons le même emplacement général — et donc, la même énergie — et je veux m'assurer que nous n'envoyions que de la lumière et de l'amour.

Prière pour améliorer la relation avec vos beaux-parents

Chers anges,

Veuillez m'envoyer un signe qui me montre que tout va se régler et que la relation avec mes beaux-parents deviendra harmonieuse. J'aime mon (ma) partenaire, et je veux que ses parents sachent que je n'ai que de bonnes intentions en ce qui concerne ma relation avec eux.

Prière pour résoudre des problèmes au travail

Chers anges,

Veuillez m'envoyer un signe pour m'indiquer que je vais retrouver le bonheur au travail ou que je suis destiné(e) à un autre poste. Je vous demande de me guider afin que je sache quoi faire, que ce soit en m'aidant à régler mes problèmes actuels ou en me montrant qu'il est temps de passer à autre chose.

Prières pour la santé

Prière pour régler des problèmes de dépendance

Chers anges,

Veuillez m'aider à me défaire de ma dépendance à [nom de la chose qui cause la dépendance] *et à me sentir heureux(se) et naturellement en paix. Je vous remercie de me donner des signes clairs qui me guideront vers un comportement sain.*

Prière pour guérir d'une maladie

Chers anges,

Ma plus grande prière consiste à trouver la paix sur tous les plans : physique, émotif, mental, intellectuel et spirituel. Je vous demande de m'envoyer des signes qui m'indiqueront la meilleure façon d'améliorer ma santé dans tous ces domaines.

Prière pour adopter un style de vie sain

Chers anges,

Je vous remercie de me donner des signes clairs qui m'indiqueront comment développer un style de vie sain. Veuillez me guider en ce qui concerne ma façon de manger, de boire, de faire de l'exercice, de dormir, et tous les autres aspects d'une vie saine.

Prière pour guérir un cœur en deuil

Chers anges,

Je vous remercie d'aider mon cœur à faire son deuil. Veuillez m'envoyer un signe me mon-

Prière pour trouver la maison parfaite

Chers anges,

Je vous remercie de me donner des signes qui m'indiqueront si je dois déménager ou non et où aller. Veuillez me guider dans tous les aspects de cette décision et aidez-moi à remarquer et à suivre les signes que vous m'envoyez.

Prière pour la protection de ses biens

Chers anges,

Je vous demande de m'envoyer un signe pour m'indiquer que, lorsque je sors de chez moi, ma demeure et tous les biens qui sont à l'intérieur sont en sécurité et protégés de toute intrusion venant de l'extérieur. S'il y a quoi que ce soit que je puisse faire pour protéger davantage mon foyer, veuillez m'envoyer des signes pour me l'indiquer.

Prières en lien avec l'objectif de vie, la carrière et les finances

Prière pour un changement de carrière

Chers anges,

J'ai besoin de vos conseils en ce qui concerne mon choix de carrière. Veuillez m'envoyer des signes et me guider afin que je puisse trouver la profession qui pourra le mieux remplir mes besoins sur les plans émotionnel, spirituel, financier et intellectuel.

Prière pour la sécurité financière

Chers anges,

Je vous remercie de me guider de manière claire afin que je sache les gestes à poser pour atteindre une véritable sécurité financière. Je vous suis reconnaissant(e) de m'envoyer des signes qui me permettront de ne pas m'inquiéter pour ma situation financière et qui m'indiqueront que vous me soutenez pour tout ce qui concerne mes finances.

Prière pour trouver son objectif de vie

Chers anges,

J'aimerais connaître ma raison d'être sur Terre et savoir comment faire en sorte que ma mission s'intègre dans une merveilleuse carrière qui me comblera et me satisfera sur le plan financier. Je vous demande de m'envoyer des signes clairs que je pourrais facilement reconnaître en vue de me guider vers l'accomplissement de mon objectif de vie.

Prière pour payer ses factures

Chers anges,

Je vous demande de m'envoyer des signes pour me rassurer quant au paiement de mes factures et me guider afin que je puisse trouver une façon d'augmenter mes revenus et de diminuer mes dépenses. Je vous remercie de m'aider à payer toutes mes factures facilement et sans effort, et de faire en sorte qu'il me reste ensuite de l'argent pour épargner et partager avec les autres.

Prière pour un travail indépendant

Chers anges,

Je vous remercie de m'envoyer des signes qui me guideront sur la voie du travail indépendant. Je vous suis reconnaissant(e) de m'apporter idées, relations, soutien financier et [nommez ici toute autre forme d'aide dont vous avez besoin] *afin de m'aider dans mon entreprise.*

Prières en lien avec l'amour

Prière pour trouver l'âme sœur

Chers anges,

Je vous remercie de m'envoyer des signes qui me conduiront vers mon âme sœur. Je vous demande de m'aider à reconnaître et à suivre vos signes de façon à ce que je puisse me préparer pour une merveilleuse relation amoureuse.

Prière pour la guérison du cœur

Chers anges,

J'ai besoin de votre soutien, de votre réconfort et de votre amour. Veuillez m'aider à me libérer de ma peine, de ma douleur, de mon amertume et de ma déception. J'aimerais recevoir des signes clairs qui m'indiqueront que mon cœur est en voie de guérison et que tout ira bien.

Prière pour attirer l'amour

Chers anges,

J'aimerais que vous interveniez dans ma vie amoureuse de façon à ce que je puisse me sentir comblé(e) dans ce domaine. Veuillez me guider avec des signes qui m'indiqueront les gestes à poser pour améliorer l'aspect romantique de ma vie.

Prière pour savoir s'il faut partir ou rester

Chers anges,

Je suis confus(e) et je ne sais pas si je dois rester ou non dans ma relation amoureuse actuelle. Veuillez me donner des signes qui m'aideront à prendre une décision avec amour et clarté.

Prière pour reconnaître l'âme sœur

Chers anges,

J'ai besoin de savoir si [nom de la personne] *est mon âme sœur. Veuillez me donner des signes clairs qui m'aideront à savoir si je peux vivre avec cette personne la relation amoureuse dont je rêve.*

Prières pour la réalisation de vos désirs

Prière pour attirer de nouveaux amis

Chers anges,

Je vous remercie de m'aider à attirer des personnes amusantes, positives, saines, intéressantes et [ajoutez toute autre qualité importante à vos yeux] *dans ma vie. Veuillez m'envoyer des signes qui m'indiqueront quoi faire pour trouver mes nouveaux amis.*

Prière d'abondance

Chers anges,

Je suis prêt(e) à trouver l'abondance financière et je vous demande de m'envoyer des signes clairs qui m'indiqueront les gestes que je dois poser pour attirer à moi la prospérité. Veuillez m'aider à reconnaître, à comprendre et à suivre ces signes.

Prière pour prendre une décision

Chers anges,

J'ai besoin de votre aide pour choisir entre [votre première option] *et* [votre deuxième option], *et j'aimerais recevoir des signes et être guidé(e) dans la direction qui m'apportera la plus grande paix intérieure.*

POSTFACE

Comme nous avons pu le voir dans ce livre, les signes prennent différentes formes et se rencontrent dans différentes situations. Ils ont une valeur très personnelle, et ce qui vous paraît significatif ne le sera pas pour quelqu'un d'autre. Les signes doivent toujours être compris en fonction de la question qui a été posée avant de les recevoir.

Les signes offrent une guidance d'une grande efficacité qui peut alléger l'angoisse et permettre de se défaire du désir de tout maîtriser. Car en mettant trop d'efforts pour arriver à ses fins, il arrive qu'on travaille *contre* son désir. Plus on force, plus ça peut sembler difficile.

Ce principe semble s'appliquer dans divers domaines de la vie. Un exemple extrême, ce sont les gens qui font du saut en chute libre et qui, pour éviter de se blesser en touchant le sol, détendent leur corps et utilisent l'énergie de la chute pour rouler. Ceux qui sont tendus et essaient de maîtriser leur chute risquent davantage de se blesser. Notre corps fonctionne mieux quand il est détendu.

Le monde s'améliore à mesure que chacun de nous s'améliore. La vie sur cette planète peut paraître bien complexe, mais en fait, ce n'est qu'un rassemblement d'individus qui suivent chacun leur voie et qui essaient simplement d'arriver à s'en sortir. Auparavant, les gens pensaient que la souffrance était inhérente à la vie et au travail. Mais ce n'est plus le cas ! Les anges sont très présents depuis longtemps, car ils savent que nous pouvons améliorer le monde et nous améliorer nous-mêmes.

En nous libérant de nos peurs, de nos inquiétudes et en cessant de vouloir tout maîtriser, nous vivons heureux, en sécurité, et notre vie est plus positive. Demandez aux anges qu'ils vous envoient des signes pour vous montrer qu'ils sont présents. Après avoir reçu une validation, passez à l'étape suivante en demandant aux anges de vous guider dans vos actions, ou encore, demandez-leur de vous confirmer que vous êtes sur la bonne voie. Vous allez sûrement recevoir un signe. Une fois que vous croirez aux signes que vous recevez et que vous aurez appris à les reconnaître, votre vie sera plus riche et agréable que jamais.

Nous serons avec vous en esprit à chaque étape de votre parcours.

Avec tout notre amour,
Doreen et Charles

À PROPOS DES AUTEURS

Clairevoyante et titulaire d'un doctorat en psychologie, DOREEN VIRTUE travaille avec le royaume des anges, des élémentaux et des maîtres ascensionnés. Elle se passionne pour la spiritualité et l'histoire des religions.

On a pu voir et entendre Doreen aux émissions *Oprah* et *The View*, à l'antenne de CNN, et à d'autres émissions de radio et de télévision. Elle écrit régulièrement des chroniques pour les magazines *Woman's World, New Age Retailer* et *Spirit & Destiny.* Pour plus d'information sur Doreen et ses ateliers, consultez son site Web à l'adresse suivante : **www.AngelTherapy.com.**

Vous pouvez écouter l'émission radio hebdomadaire de Doreen ou l'appeler pour qu'elle vous fasse une lecture à l'adresse : HayHouseRadio.com.

Charles Virtue est le fils aîné de Doreen Virtue et il enseigne la méthode de la thérapie angélique. Charles a toujours accordé beaucoup d'importance au pouvoir de la pensée et comment ceci peut devenir réalité. Après avoir travaillé aux côtés de sa mère et l'avoir assistée pour ses cours de certification pendant plus de sept ans, il donne aujourd'hui ses propres cours aux quatre coins de la planète.

Pour plus d'information au sujet de Charles, de ses enseignements, de ses livres audio et d'autres produits, veuillez consulter son site Web à l'adresse suivante : **www.CharlesVirtue.com**. Vous y trouverez sa biographie complète, des photos, un calendrier des événements et de l'information sur la façon de procéder pour recevoir une lecture angélique.

Dépôt légal : juin 2014
IMPRIMÉ EN FRANCE

Achevé d'imprimer le 6 juin 2014
sur les presses de l'imprimerie « La Source d'Or »
63039 CLERMONT-FERRAND
Imprimeur n° 17129